中国宪法文化

丛书主编　陈晓枫

统治权类型：权力一元化法律文化观的宪法表达

钱宁峰　著

WUHAN UNIVERSITY PRESS
武汉大学出版社

图书在版编目(CIP)数据

统治权类型:权力一元化法律文化观的宪法表达/钱宁峰著.—武汉:武汉大学出版社,2013.11
中国宪法文化丛书/陈晓枫主编
ISBN 978-7-307-11937-6

Ⅰ.统… Ⅱ.钱… Ⅲ.①权力—研究—中国 ②宪法—研究—中国
Ⅳ.①D621 ②D921.04

中国版本图书馆 CIP 数据核字(2013)第 251987 号

责任编辑:郭园园　　责任校对:鄢春梅　　版式设计:韩闻锦

出版发行:**武汉大学出版社**　(430072　武昌　珞珈山)
(电子邮件:cbs22@whu.edu.cn　网址:www.wdp.com.cn)
印刷:湖北民政印刷厂
开本:720×1000　1/16　印张:13.5　字数:192 千字　插页:1
版次:2013 年 11 月第 1 版　2013 年 11 月第 1 次印刷
ISBN 978-7-307-11937-6　定价:32.00 元

序　　言

宪法与文化的交集

相对于诸多历史悠久的法律而言，宪法并不是自古就有的。

宪法产生于一种文化，即“古希腊——罗马——欧美文化圈”的文化。宪法在这种文化中历经历史沉淀，聚合创新，超越原有的文明成果而产生。古代希腊的学者在考察过一百多个城邦政制之后，得出来的结论认为，在一系列的国家法律制度之中，存在着一种最为基础的政治法律原则，并且在这个原则之上，还存在着普遍的、永恒的“自然法则”。这是“基本法”的理念的最为初始的内涵，也是这个概念最为基础的文化底蕴。之后在征战频仍的欧洲中世纪，各城邦国家大多承用了基本法的设计；同时在教会法的遮掩下，自然法的部分理念披着神学外衣也留存沿袭下来。当古代简单的商品经济发展为繁荣的经济贸易和规模化的手工业工场时，不同的经济主体为了确保自己的经济利益，开始在政治上要求参与政权，实现法治。代表这个利益群体的思想家们，格老秀斯、洛克、孟德斯鸠和卢梭，毫不犹豫地扬起基本法理念的旗帜，并将之充分演绎、丰富论证，定准为国家根本法。在基本法这个理念之上，从法效力而论，他们论证存在着一种自然状态，基本法是从中析分出来的社会契约；在基本法自身的构架之中，他们为防止权贵篡改基本法而侵占市民阶层的利益，在其中填加进了人民主权的原则、分权制衡的原则、法治原则和人权原则；在基本法的下位，为了阻止部门法律对基本法僭越而毁损利益安排的秩序，他们添加了基本法效力最高，基本法设置保障，设立合法性审查制度和秩序正义原则。呼应着这些主张和创制的价值理念：民主、自由、平等、人权和传播这些观念的法理学说，风靡了整个欧洲和北美大陆。基本法羽翼丰满，一飞冲天。它聚合了传统的文化理念，超越古代文明成果，生成为宪法，在英、法、美等主要资本主义国家横空出世。

宪法作为海商文明圈文化因子沉淀聚合的成果，自从其创生之始，就包含着与生俱来的文化预设。宪法具有基本法的功能，首先是来自于法律的效力可分为不同层级的理念，即有些法律的效力从属于另外一部法律，当两者的效力在认知上发生冲突时，相冲突的这部分法律因为被识别出来而归于无效。其次，宪法作为根本法，又一方面具有母法的意义，从它的授权中析分和产生出各部门法律；另一方面宪法作为根本法高居于强制性行为规范体系的顶端，监督着各部门法的构建与运行，一旦识别出异己的制度或事件，根本法就启用自身设定的矫正系统，宣告撤销违宪的制度，或者宣告行为违法无效。同时，这个矫正系统不归属于任何一个政党、一个政权或一个领袖，它独立于政权体系之外。宪法虽然独居于众法之上，但却要折服在理性——自然法则之下。在理性原则面前，宪法自身必需是良法，其最根本的特征是，在设置一个权力时，必定设有另一个对它享有审查撤销权的权力；而且它的自身，以保障人权为最终价值归依。最后，除了法律分有层级以外，民主也富有层级。人民的意愿可以在一个层级或几个层级上，经过某一个程序而由被选举出来的少数人来代表，而决定这种实质性权力的关键，是选举程序的正当与真实。

不难寻查出，关于法律具有效力层级的理念，是出自于希腊城邦政制与自然法则关系；关于权力的制衡监督，是来自古希腊的氏族、胞族到合并列部族的规则以及古罗马的库里亚制度；关于基本法律应该并具母法、根本法效力的设定，则来自于欧洲中世纪城邦国家制度的构建；至于通过了选举这道魔咒之后，被选举人的主张就完全可以视同为选举人群体的一体主张，则起自于梭伦设创四百人大会以降，延及于整个欧洲古代、中世纪和近现代史中的政治法律规则。简而言之，这都具有悠久的历史传承和广泛的文化认同。具有这一类想法的民族一定是在古希腊之前更早的历史阶段，就寻找过通过一种妥协，来合并氏族、胞部以至最后走向部族的路径。因为这一类想法的关键之处，就是缺位了一个最终的统一者，大家都在平等的契约主体地位上，来分摊权力。如果把这一类想法归结为文化的话，那么这类文化基因的起点，至少应在一万年之前。

这便是中国人移植宪法研习宪学的难处。

中国的法学人一般疏于理解文化学的原理。他们习惯于将文化理解为文明成果的积累，并在此意义上将之划分为观念文化、行为文化和制度文化；他们不认同文化是整合观念、行为与制度的；不认同文化是价值理念中具有指令作用的观念体系；不认同文化是支配了制度构建、理论特征和实施机制的关键因素。因此，他们把来自一种特定文化的宪法中的基本特征，归结为宪法历史的范畴，是宪法发展中的历史现象；而不去理解无论表层的制度和学说怎么变幻，在深层之中文化基因能以一贯之地支配着宪法。中国法学人中出现的这种现象，表现出他的研究自身就是宪法学说中的一种文化现象，是中国学人在宪法上拒绝与西方文化重构的表现，进而将宪法基因和特征的问题，指称为是历史范畴问题：时间上它已经被超越了。

中国人习宪法治宪学的艰难困苦之处，或就在于忽视了宪法本身是一个文化现象，一个原不属于中华文明圈的文化现象。

中国人以宗法拟制扩族为国。夏有钧台作享，商有景亳之命，周初封邦建国。这种建国方式中，虽然也有诸侯、方伯参与其间的盟、誓、会、享仪式，这些仪式也可以认为是建国的契约，然而显著不同于古希腊罗马的地方，就是这种仪式或契约的目的，在于确定共尊天下的君主，而不是确定权力析分与制约关系。自此往下，秦汉又包吞八荒之后，中国人的法思维中，没有基本法、母法、根本法的概念，一切事物，权制一断于君。法律的形式，律令格式比而已。设想法有位阶的效力层级，再引申出基本法的保障，并对无效法令审查和宣告，设置法定权力，则必设定监督制衡等种种宪法体系构成的要素，因天子君权独大，得便宜行事，都成为构建缺位，且无构建必要的事项了。

中国人自 1840 年后放眼看世界，开始仿习西方列强。从制夷器，师夷制，习西学，仿西政，最后走向移植宪法。但自仿行宪政开始，中国其实并没有发达的市场经济；没有经济利益的独立主体去寻求制度性安排的诉求；没有社会中各阶层，需按宪法配置的动议。中国人立宪的精力，集中于中国官制改革，央地权力关系，以及救亡图存目的，之后终于指向驱逐鞑虏，振兴中华的建国方略。宪法是自上而下的诏令朱批，是军阀逐鹿之后的册封大典，是党治训政的权力宣言。凡此种种又都是中国法律传统与西宪西学在文化上的悖反。很长时间以来，中国人中的领袖、官员、学人、庶民，都没有意识到移植宪法的根本，是中断中国的法文化传承，并结合宪制自主重构中国的法文化，特别是宪法文化。

但是当文化的表层制度变迁，与深层的理念发生尖锐冲突时，重构是一个必然的规律，并不以人们是否秉持自主意志为转移。中国人用"中体西用"的结构主义智慧，将宪法文化的主要内容，改造成为我所用的体系。其中制度体系逐渐演化成大法虚置的传统典册，权力体系逐渐收集为一元权力至上的传统取向，保障体系逐渐剥离出部门法各自行其是；知识体系则逐渐填充进改造过的新儒学学说。宪法文本渐次浪漫化，甚至有 1923 宪法那样的完美文本；宪法实施则渐次虚置化，中国长期不设置违宪审查的机构。

当这些宪法文化问题被列入研究课题之时，笔者正在宪法学家何华辉先生门下，攻读宪法学的博士学位。学位论文慨然命笔撰为：中国宪法文化研究。十五载春秋，过隙如驹。彼时至今，武汉大学法学院宪法行政法学团队指导的博士论文中，攻研宪法文化方向者，积有三十余篇，内容广泛涉及从社会到思潮，从思潮到制宪，从文本到实施，从权利到权力。论文虽然写作时间不一，但立场基本是一致的：探研中国宪法在文化上的建构。学生离校，各执其业，很多论文在汇集本编丛书时，都已经出版面世了。现有的几部著作，虽不能集全十五年来本校在此专业方向上的论文建设成果，但也分别关涉中国宪法的知识体系问题，主权的大权化来源，中央国家机关的重构，权力的变迁机制，以及部分具体制度上的中国宪法文化重构。寥寥数本，可窥豹斑，大致表达出这个丛书作者们致志达到的认知水平。

期盼这些成果能裨益于中国宪法文化的研究，能够共襄中国宪法研究大业。

陈晓枫

2013 年 6 月 10 日

目　录

自　序

本书讨论的是近代以来中国立宪史中的一个宪法关键词，即“统治权”。该书试图解释统治权类型的缘起、类型和发展。虽然该书横跨宪法和历史两个领域，但是严格意义上来说，它既不是一本宪法学著作，也不是一本历史学著作。作为宪法学著作，其讲究宪法理论，侧重于宪法条款的适用；而本书虽然也涉及宪法文本，但是其关注的焦点是不同宪法文本之间的异同，而不是单一宪法文本的法律解释学操作。作为历史学著作，其讲究文献考据和求证，侧重于历史事件的分析；而本书虽然也涉及大量的历史事件，但是更关注这些历史事件人物对某一现象的评判以及在评判中所呈现出的话语。因此，本书毋宁说是一部解释性的专著。作为一部解释性著作，在理论和历史两个方面难免漏洞百出。然而，这项研究并不试图去描述立宪的一般过程，也不试图去分析某一个历史阶段的立宪情况。相反，它试图通过概念来切入到历史进程之中，解释并分析特定国家在一个特定的历史时间内的统治权现象。其必然区别于通史性的宏观论述，也区别于断代史性的细节分析。因此，本书既不能提供中国立宪过程的理论概括，也不能提供中国立宪结果的历史阐释。

在研究方法上，这项研究仅仅描述中国立宪过程中的一些不连续的事件，并在此基础上说明统治权类型的来龙去脉。与其说是一项研究，不如说其提出了一个问题。这个问题涉及中国立宪史中非常重要的命题之一，就是约法（其实，大纲、纲领等形式均可以视为约法）与宪法之间的关系。然而，无论约法还是宪法，其涉及面既广，则不免难以集中论述。本书只讨论一个概念，关注一类现象，提供一种解读。

需要说明的是，尽管本书围绕着一个概念，但是在描述时则并不拘泥于是否采用这个概念，而将其相关词汇亦一并纳入分析。该概念的功能在于提醒人们，虽然政权不断更迭，但是人们对统治权的认识在本质上并无大的区别。也就是说，无论是所谓君主立宪还是革命立宪，无论总统立宪还是政党立宪，统治权始终是一个核心问题，所有问题的前提是统治权问题，所有问题的展开只不过是统治权问题的延伸。因此，在这个意义上说，统治权现象是一种法政现象，也是一种文化现象。

佛陀曾曰：人身难得，佛法难闻，中国难生。通过统治权类型的分析，笔者更能体会到“中国难生”的深意。中华民族屡经大难而不能死，始终保持着一种其他民族所不可能具有的延续性。而近现代中国所遭遇的内忧外患可谓“千古之变局”，最终仍然整合成一个新中国。这里所说的“新”，就是一种独特性，这种独特性一方面延续了中华民族自古以来的文化传统，另一方面又创造性地赋予了新的文化形式。而对于这种文化传统的理解显然不能简单地以他种文化为中心来批判，而应该以一种开放的心态接受之、完善之。统治权类型是近现代中国立宪过程中的一种特殊现象，也就需要我们去了解它，剖析它，从而理解它。

遥想当年向恩师提出这一选题时，其心惴惴。毕业后多年，尽管已大不同于原来的论文，但是面对付梓出版，其心仍惴惴。个中是与非，望阅者教之。

是为序。

绪　论

当代中国人对“权”字的认识并不陌生。其往往借由“权力”和“权利”两个词汇来认识政治和法律现象。与外来语不同，如英语“power”和“rights”分别指称权力和权利，汉语在构词方式上均用“权”字，在注音方式上亦均用“lì”，从而彰显了造字的独特性。而这种独特性必然影响到中国人的认识逻辑。

一

“权”在古代汉语中颇为广泛。清代段玉裁所注的《说文解字》对“權”字的解释是：“黄華木。释木曰，权，黄英。按英華一也。郭云未详。而释艸亦云权黄華。郭云今谓牛芸艸为黄華。艸部英下。一曰黄英。然则尔雅木曰黄英，艸曰黄華。许则英華字互易。从木，雚声。巨员切，十四部。一曰反常。论语曰，可与立，未可与权。孟子曰，执中无权，犹执一也。公羊传曰，权者何，权者反於经然後有善者也。”①其最初含义似乎与黄华木有关，并引申为反常之意。从前述段玉裁注解来看，《论语》、《孟子》和《春秋公羊传》等先秦典籍已经使用该字。从《辞源》来看，“權”字在古汉语中的使用方式有13种之多。第一种是指秤锤，即测定物体重量的器具。《论语·尧曰》：“百姓有过，在予一人，谨权量，审法度。”《孟子·梁惠王上》：“权，然后知轻重。”第二种是指均平，权衡。《周礼·考工记·弓人》：“九和之弓，角與干权。”《礼·王制》：“原父子之亲，立君臣之义，以权之。”第三种是指权力。《庄子·天道》：“亲权者不能与人柄。”《战国

---

① ［汉］许慎撰：《说文解字注》，［清］段玉裁注，中州古籍出版社2006年版，第246页。

策·齐》："恐田忌欲以览权，复于齐。"第四种是指计谋，谋变。《淮南子·主术》："任国者易权。"注：权，谋也。第五种是指变通，权变。常与经相对。古称道之至当不变者为经，反经合道为权。《公羊·齐桓十一年》："权者何？权者反于经，然后有善者也。"《孟子·离娄上》："嫂溺，援之以手者，权也。"第六种是指唐代以来称代理、摄守官职为权。第七种是指姑且，暂且。第八种是指木名。第九种是指草名。第十种是指面颊，通"颊"。第十一种通"爟"。第十二种是指周列国名。《左传·庄公十八年》："初，楚武王克权。"第十三种是指姓。商武丁裔孙封权，后以为姓。① 从辞源所列典籍中的用法来看，"权"既可以是动词，也可以是名词。

值得注意的是，"权力"一词在古代汉语中已经存在。有学者认为，当"权"与"力"组合为"权力"时，其意思为"权势与威力"或"权位与势力"。例如，《汉书·贾谊传·陈政事疏》："况莫大诸侯，权力且十此者乎？"又如，《汉书·游侠传·万章》："（万章）与中书令石显相善，亦得显权力，门车常接毂。"此外，唐代柳宗元《柳州司马孟公墓志铭》："法制明具，权力无能移。"②从这些使用方式来看，"权"字通常蕴含着暂时、变通、力量之意。而在以权为构词基础的古代汉语词汇中，与力量相联系的词汇似乎最多，如权力、权右、权臣、权利、权宜、权幸、权奇、权门、权首、权要、权柄、权威、权家、权时、权略、权术、权诈、权贵、权势、权谋、权衡、权宠、权谲、权变。"权"字要么独立使用，要么在构词中居于前面，作为形容词。从有关资料来看，其似乎还没有在"权"之前加上它字来构词的。这种情况表明，"权"字在古代汉语中的含义相对来说较为稳定。

---

① 参见广东、广西、湖南、河南辞源编订组、商务印书馆编辑部编：《辞源》（修订本）（1-4 合订本），商务印书馆 1988 年版，第 892 页。

② 参见何勤华等：《法律名词的起源》（上），北京大学出版社 2009 年版，第 225 页。

二

近代以来，随着西法东渐，“权”成为了汉语构词的重要字之一。其尤其体现在政治和法律词汇之中。若以“权力”和“权利”为两个向度，可以将与“权”字相连的词汇大致分为与“权力”相关的词汇和与“权利”相关的词汇。前者如权柄、权臣、权贵、权门、权能、权势、权威、权限、权责，后者如权益。此外，古代汉语中与权衡相联系的词汇依然存在，如权变、权略、权谋、权属、权且、权时、权数、权宜、权诈。① 不过，这些词汇基本上将“权”字作为一个形容词。与古代汉语对“权”字仅仅作为形容词来构词的方式不同，在近代以来的汉语中，“权”也常常被作为名词的后缀。而作为名词的词汇只有两类：一是与权力有关的词汇，如主权、国权、统治权、君权、立法权、行政权、司法权等；二是与权利有关的词汇，如民权、人权、公民权等。此外，“权”本身作为一个字使用时也是作为名词来看待的。

与“权”字相关的词汇在近代以来汉语发展中的兴起，反映了一种特殊的现象，即人们日益关心政治和法律问题。尤其是在近代以来的立宪过程中，“权”的问题似乎始终是人们关注的焦点，无论是权力还是权利。然而，词汇量的增加并不意味着人们对该词汇有清晰的界定。问题的关键在于人们如何来使用这些词汇，并进一步认识当时的政治和法律现象。

三

近现代中国汉语新词的研究向来得到广泛的关注。通常来说，东西方之间和中日之间的词汇交流历史构成了这些研究的两个向度。其研究的时间跨度主要是 19 世纪和 20 世纪初期的近现代中国。正是在

① 参见中国社会科学院语言研究所词典编辑室编：《现代汉语词典》，商务印书馆 1983 年版，第 947-948 页。

这个阶段，汉语出现了一系列新词。而以“权”为基础的新词也不断得到研究。其中，比较典型的就是对“权利”概念的研究。① 然而，这些研究显然仅是零散的考证，并没有引起广泛的关注。

同时，随着文化研究的兴起，以“关键词”为标题的研究开始兴起。在某种意义上说，这种研究方法主要受到英国学者雷蒙·威廉斯的影响。这种研究方法“对一连串的词汇下注解，并且分析某些词汇形塑的过程，这些是构成生动、活泼的语汇之基本要素”。② 我国香港地区学者金观涛、刘青峰两位教授则主持建立了从晚清到新文化运动文献的“中国近现代思想史专业数据库”(1830—1930)，并通过对数据库文献中的关键词来分析中国近现代政治观念的起源和演变。③ 这项研究进一步影响了大陆地区的学者，特别是对近现代中国宪法思想研究较多的学者。王人博教授等学者则通过宪政思想中的语词也就是关键词来进行解读。④ 在这些研究中，以“权”为构词基础的关键词成为重要的研究对象。例如，王人博对“民权”进行了考证。⑤ 又如，金观涛、刘青峰则对“权利”、“权”、“利权”、“权力”、“自主之权”、“国权”、“民权”、“君权”、“主权”、“人权”、“公权”、“私权”等作了意义梳理。⑥ 这种以关键词为基础的研究拓展了思想史研究的空间，因此，颇受人们关注。

---

① 参见李贵连：《话说“权利”》，《近代中国法制与法学》，北京大学出版社 2002 年版，第 437-447 页。

② [英]雷蒙·威廉斯：《关键词：文化与社会的词汇》，刘建基译，三联书店 2005 年版，导言第 7 页。

③ 参见金观涛、刘青峰：《观念史研究：中国现代重要政治术语的形成》，法律出版社 2009 年版，第 7 页。

④ 参见王人博等：《中国近代宪政史上的关键词》，法律出版社 2009 年版，第 1-7 页。

⑤ 参见王人博等：《中国近代宪政史上的关键词》，法律出版社 2009 年版，第 59-100 页。

⑥ 《近代中国权利观念的起源和演变》、《百个现代政治术语词意汇编》(附录二)，参见金观涛、刘青峰：《观念史研究：中国现代重要政治术语的形成》，法律出版社 2009 年版，第 117、490 页。

然而，无论是近现代汉语新词研究还是关键词研究，其似乎均遗漏了一个词汇，即“统治权”。之所以会遗漏这个词汇，在笔者看来，其原因在于近代以来的汉语词典并不将“统治权”作为一个词条来认识。

四

对于近现代中国人来说，统治权并不是一个陌生的词汇，恰恰相反，其流行程度远远超出当代人的想象。若检索近现代中国出现的宪法文件(含草案)，便可以发现“统治权”这个词汇出现的频率并不亚于其他权力类型。以正式公布的文本来计算，从1908年《钦定宪法大纲》(含宪政编查馆和资政院说明)至1931年《中华民国训政时期约法》，至少也有二十多年的历史，历经清末时期、辛亥革命时期、北洋政府时期和国民党南京国民政府时期各政权。(参见表1)

表1　**近现代中国宪法文件(含草案)关于统治权的规定一览表**

历史时期	宪法文件名称	宪法文件公布日期	宪法文件条款	关键词
清末时期	《宪政编查馆资政院会奏宪法大纲暨议院法选举法要领及逐年筹备事宜折》	清光绪三十四年八月一日(1908年)	“谨按君主立宪政体，君上有统治国家之大权，凡立法、行政、司法皆归总揽，而以议院协赞立法，以政府辅弼行政，以法院遵律司法……”“君上大权”、“大清皇帝统治大清帝国，万世一系，永永尊戴”、“总揽司法权”、“法律为君上实行司法权之用，命令为君上实行行政权之用” “君主总揽统治权”、“特设审判官以行司法权”、“立法、行政、司法，则皆综览于君上统治之大权”、“巩固君权”、“大权仍统于朝廷”	统治权、统治、大权、立法权、行政权君权、司法权

续表

历史时期	宪法文件名称	宪法文件公布日期	宪法文件条款	关键词
辛亥革命时期	《中华民国军政府暂行条例》	辛亥年十月十七日(1911年)	第6条：凡发布命令及任免文武各官，均属都督之大权。	大权
	《中华民国鄂军政府改订暂行条例》	辛亥年十月二十五日(1911年)	第1条：中华人民公约推倒满政府，恢复中华，建立民国，暂组织军政府，统辖政务。	统辖
	《中华民国鄂州临时约法草案》	辛亥年十月二十八日至十一月十三日(1911年)	第1条：中华鄂州人民，以已取得之鄂州土地为境域，组织鄂州政府统治之。将来取得之土地，在鄂州域内者，同受鄂州政府之统治，若在他州城内，亦暂受鄂州政府之统治，俟中华民国成立时，另定区划。	统治
	《沪军都督府条例》	辛亥年十一月六日(1911年)	第4条：凡发布命令及赏罚、任免各部及各营文武人员，均属都督之大权。	大权
	《江苏军政府临时约法》	辛亥年十月十五日(1911年12月7日)	第1条：中华江苏省人民公约，推覆清政府，建立民国，暂于江苏省组织军政府，统辖政务。将来取得之土地，在他省境内者，亦暂受江苏军政府之统治，俟中华民国成立时，另定区划。	统辖、统治
	《浙江军政府临时约法》	辛亥年十二月二十九日(1911年)	第1条：中华民国浙江省人民，以固有之区域，组织军政府统治之。 第4条：凡立于本军政府之统治权下之人民，一律平等。	统治、统治权
	《江西省临时约法》	民国元年一月二十四日(1912年)	第1条：中华江西省之人民，以江西固有之区域，组织军政府，统辖政务，以推翻满清，建设中华民国为目的。 第5条：都督代表江西军政府，有总揽政务之大权。	统辖、大权

续表

历史时期	宪法文件名称	宪法文件公布日期	宪法文件条款	关键词
辛亥革命时期	《广西临时约法》	辛亥年十一月八日(1911年)	第2条：广西依旧有土地为其境域，统属于中华民国组织广西政府统辖之。	统辖
	《中华民国临时政府组织大纲》	辛亥年十月十三日(1911年)	第2条：临时大总统，有统治全国之权。	统治全国之权
	《中华民国临时约法》(史上简称"临时约法")	民国元年三月十一日(1912年)	第2条：中华民国之主权，属于国民全体。 第4条：中华民国以参议院、临时大总统、国务员、法院，行使其统治权。 第16条：中华民国之立法权，以参议院行之。	主权、统治权、立法权
北洋政府时期	《何震彝拟宪法草案》	发表于《宪政新闻》第四期、第五期	第2条：中华民国以现有领土统治之，非以法律，不得变更。 第3条：中华民国以国家为统治权主体。 第4条：中华民国统治权，以立法、行政、司法各机关行使之。 第5条：中华民国立法权，以国会行使之。 第34条：中华民国行政权，由大总统行使之。 第50条：中华民国司法权，以法院行使之。 第90条：各地方行政区之统治权，由中央政府委托行政官行使之。	统治、统治权、立法权、行政权、司法权

续表

历史时期	宪法文件名称	宪法文件公布日期	宪法文件条款	关键词
北洋政府时期	《席聘臣拟宪法草案》	发表于《宪政新闻》第六期、第七期	第1条：中华民国以国为统治权之主体。 第2条：中华民国继承共和，宣布以前之领土而统治之。 第4条：中华民国之统治权，以立法、行政、司法各机关行使之。 第5条：中华民国之立法权，以议会行使之。 第21条：中华民国之行政权，以大总统行使之。 第51条：中华民国之司法权，以法院行使之。 第77条：各地方中统治权，由中央赋与之。 第79条：各地方因统治及自治，得制定规则，发布命令，但不得与法律相抵触。	统治权、统治、立法权、行政权、司法权
	《姜廷荣拟宪法草案》	发表于《宪政新闻》第二十三期	第4条：中华民国之主权，属于国民全体。 第5条：中华民国之统治权，以国会、大总统、国务员、法院行使之。 第18条：中华民国之立法权，以国会行之。 第99条：各行省之立法权在省会。 第100条：各行省之行政权，委诸中央政府所任命之长官。	主权、统治权、立法权、行政权

续表

历史时期	宪法文件名称	宪法文件公布日期	宪法文件条款	关键词
北洋政府时期	《中华民国约法》（即"袁记约法"）	民国三年五月一日（1914年）	第2条：中华民国之主权，本于国民之全体。 第14条：大总统为国之元首，总揽统治权。 第30条：立法以人民选举之议员组织立法院行之。 第39条：行政以大总统为首长。置国务卿一人赞襄之。 第44条：司法以大总统任命之法官，组织法院行之。	主权、统治权、立法、行政、司法
	《五权宪法》（叶夏声拟）	民国十一年六月	第2条：中华民国之主权属于国民全体。 第6条：中华民国由国民大会组织之考试院、立法院、行政院、司法院、监察院行使其统治权。 第12条：中华民国之考试权，由考试院行之。 第24条：中华民国之立法权，以立法院行之。 第32条：中华民国之行政权，以行政院行之。 第42条：中华民国之司法权，以司法院行之。 第50条：中华民国之监察权，以监察院行之。	主权、统治权、考试权、立法权、行政权、司法权、监察权
	《军政府组织令》	民国十六年六月十八日（1927年）	第2条：大元帅于军政时期，代表中华民国行使统治权，保障全国人民法律上应享有之权利。	统治权

续表

历史时期	宪法文件名称	宪法文件公布日期	宪法文件条款	关键词
国民党南京国民政府时期	《国民政府建国大纲》（孙中山）	民国十三年四月十二日（1924年）	二十四、宪法颁布之后，中央统治权则归于国民大会行使之，即国民大会对于中央政府官员有选举权，有罢免权；对于中央法律有创制权，有复决权。	统治权
	《中华民国训政时期约法》（国民会议制定、国民政府公布）	民国二十年五月十二日制定，六月一日公布（1931年）	第2条：中华民国之主权属于国民全体。 第30条：训政时期由中国国民党全国代表大会代表国民大会行使中央统治权。中国国民党全国代表大会闭会时，其职权由中国国民党中央执行委员会行使之。 第31条：选举、罢免、创制、复决四种政权之行使，由国民政府训导之。 第32条：行政、立法、司法、考试、监察，五种治权由国民政府行使之。 第65条：国民政府总揽中华民国之治权。	主权、统治权、政权、治权、行政、立法、司法、考试、监察
	《中华民国宪法草案》（节本）（薛毓津拟）	民国二十二年三月（1933年）	第1条：国权属于全国国民。 第54条：国权之表见于统治权者，中央政府，依据宪法即国家所定之法律行之。国权之表见于自治权者，地方自治政府，或自治团体，依据国家法律及该自治区域，或该自治团体所定之法律行之。 第56条：自治权之取得，由统治权赋予之。自治权之施行，关于代表国家者，受统治权之指挥，自治权之施行，关于代表该自治区域，或该自治团体者，受统治权之监督。	国权、统治权、自治权

注：1. 以上条文参见缪全吉编著：《中国制宪史资料汇编》，国史馆1989年版和夏新华等整理：《近代中国宪政历程：史料荟萃》，中国政法大学出版社2004年版。2. 与“统治权”有关的法律文本均一一列举，个别法律文本并未采用“统治权”，但采用了“大权”、“统辖”、“统治全国之权”等词汇，这里亦列举一二。3. 若采用“统治权”规定的法律文本中有“立法权”、“行政权”、“司法权”、“监察权”、“考试权”、“国权”、“自治权”、“政权”和“治权”词汇的，这里也进行了列举，以便说明“统治权”与其他权力类型的差异。

从法律用语来看，“统治权”的使用方式并不规范。除了“统治权”较为固定之外，与之相关并且意思相近的词汇还有“统治”、“大权”、“统治之大权”、“统辖”、“统治全国之权”。由于法律文本制定者所处历史语境之差异，不难理解法律用语的不统一现象。但是，在这种不规范的背后，依然存在着某种统一性，这就是“统治权”始终被频繁地使用，反映了人们对该词汇的认同和语词的普遍性。

从法律规范表达方式上看，主要存在“统治”结构和“统治权”结构。若以“统治”形式出现时，那么，“统治”既可以作为一个动词，在表述上体现为“大清皇帝统治大清帝国”、“统治全国”、“统治之”等，也可以作为一个名词，在表述上体现为“统治之大权”、“受鄂州政府之统治”、“受江苏军政府之统治”等。若以“统治权”形式出现时，则几乎被视为一种对象，如“君主总揽统治权”、“本军政府之统治权”、“行使其统治权”、“统治权主体”、“中华民国之统治权”、“各地方行政区之统治权”、“中央统治权”等。这两种结构并不意味着字义不同，而是基于不同的宪法语境而作出的不同表述。从时间上看，1912年《中华民国临时约法》出台之前往往以“统治”词汇为准，而此后则基本上均以“统治权”词汇为准。“统治”和“统治权”虽然只差一个“权”字，但是只在句子结构上存在差异。①

从法律文本种类来看，“统治权”从不出现在正式的宪法之中。除了若干私拟宪法草案之外，规定“统治权”条款的正式法律文本基本上不以宪法作为正式的法律名称，如大纲、约法、条例、组织令。这些法律文件形式虽然被视为政权的根本法，但是始终无法与正式的宪法相提并论。这种联系反映了“统治权”与上述宪法形式之间存在着某种特殊的联系。

从权力类型来看，“统治权”是一种独特的权力类型。这种独特性不仅反映在语词的表述上，而且反映在宪法文本中。不少宪法文本在规定“统治权”的同时，亦将“主权”、“立法权”、“司法权”、“行

① 笔者将“统治”和“统治权”予以等同处理。不过，在追溯语词的历史来源时则分开处理。

政权”、“考试权”、“监察权”、“政权”、“治权”等权力类型或选择性地或一并列入。这样，不同权力类型之间范围的界分就非常重要。这种法律制定技术再次突出了“统治权”与其他权力类型之间的差异，也迫切需要人们去了解它、分析它。

正如前述，“统治权”并不为正式的宪法所接受，因此，其在宪法史中的历史命运显然是被抛弃的。这一点体现在1931年《中华民国训政时期约法》之后，“统治权”仅仅停留于学者所起草的中华民国宪法草案之中，再也没有出现在正式的宪法文本之中，哪怕是官方的宪法草案之中。在采纳还是放弃的双重选择中，重新思考“统治权”是非常必要的，因为它毕竟是一个关键词。

第一章 “统治权”词源考

“统治权”的出现并不是空穴来风，而是历史变迁的产物。要理解该词汇，就必须从语言入手，因为“语言是联系自我和世界的中介”。① “统治权”何以成为近现代中国的宪法关键词？在比较宪法研究中，王世杰、钱端升两位先生曾经指出，“统治权”是德国公法学者所创立的法律名词，其德语词汇有“Herrschaftsrecht”和“Hoheitsrecht”等表述形式，但德国学者对其意义存在分歧，一般解释此种权力为一种对人的命令权，即强制个人与团体服从命令之权，同时，大多数论者认为“统治权”为可分的权力，而主权则否。② 从其描述来看，一方面，“统治权”在德语中的表述形式是多样的，另一方面，其是从德语法律名词中翻译过来的。不过，这就提出了一个问题：为什么要用“统治权”去对译上述德语法律名词？要理解语言的跨国传播过程，显然需要对该词的生成和传播进行一番考察。

第一节 古代汉语“统治”和“统治权”的用法

若要考证“统治权”的来源，首先要考察“统治”的词源。若将统治权予以拆分，则为三字，即“统”、“治”和“权”，这些字在古代汉语中并不少见，但若将其组合运用，则大致可以组成“统治”、“统治权”、“统权”、“治权”、“权统”、“权治”、“治统”等词汇。这些词

① ［德］汉斯-格奥尔格·加达默尔：《真理与方法——哲学诠释学的基本特征》（下卷），洪汉鼎译，上海译文出版社1999年版，第605页。

② 参见王世杰、钱端升：《比较宪法》，中国政法大学出版社1997年版，第39页注释①。

汇在古代汉语中并不常见，甚至可以说并不存在。① 唯一的例外就是在有限的文献中存在着“统治”词汇。与古代文献中屈指可数的“统治”词汇运用情况相比，现代汉语文献中“统治”词汇的普遍性是有目共睹的。从词典来看，以“统”为构词单位的词汇非常普遍，如统舱、统称、统筹、统共、统购、统计、统计学、统摄、统属、统帅、统帅部、统率、统统、统辖、统销、统一、统一体、统一战线、统战、统治、统治阶级和统制。② 其中耳熟能详的词汇就是“统治”和“统治阶级”。“统治”有两层意思：一是凭借政权来控制、管理国家或地区；二是支配，控制。而“统治阶级”的意思是掌握国家政权的阶级，有时特指占统治地位的剥削阶级。③ 这说明，“统治”这个概念在近现代中国依然被广泛使用，并且以此为基础衍生出更多的词汇。

一、古代汉语中“统”的用法

“统”的繁体字是“統”。说文解字《卷十三》《糸部》认为，統，纪也，从糸充声，他综切。清代段玉裁说文解字注：纪也。淮南泰族训曰：蚕之性为丝。然非得女工煮以热汤而抽其统纪，则不能成丝。按，此其本义也。引申为凡纲纪之称。周易，乃统天。郑注云，统，本也。公羊传，大一统也。何注，统，始也。从糸，充声。九部。玉篇一音桶。④《辞源》“统”字有六种意思：一是丝的头绪；二是纲纪，

① 由于《辞海》和《辞源》收录的词汇基本反映了一个词汇在古代汉语文献中的使用情况，因此这里以这两部辞书进行统计分析。参见辞海编辑委员会编：《辞海》(中)，上海辞书出版社 1989 年版，第 3074 页；广东、广西、湖南、河南辞源编订组、商务印书馆编辑部编：《辞源》(第 3 册)，商务印书馆 1981 年版，第 2423 页。

② 参见中国社会科学院语言研究所词典编辑室编：《现代汉语词典》，商务印书馆 1978 年版，第 1154-1155 页。

③ 参见中国社会科学院语言研究所词典编辑室编：《现代汉语词典》，商务印书馆 1978 年版，第 1155 页。

④ [汉]许慎撰：《说文解字注》，[清]段玉裁注，中州古籍出版社 2006 年版，第 645 页。

准则；三是世代相继的系统；四是统一；五是综理，总领；六是指姓。而在古代出现的以“统”为基础的词汇则有两大类：一是动词，如统一、统天、统制、统括、统楫、统监、统领、统摄和统属；二是名词，如统和、统军、统带、统万、统类和统天历。① 从这些使用方法来看，“统”字显然具有整合的意思，要么由一个主体来统，要么这个主体本身具有统的意思，如对军队或者官员等。也就是说，“统”字的用法更多地属于君或官这一层面的，而不属于民这一层面的。

二、古代汉语中“治”的用法

《辞源》对“治”的解释有七种意思：一是管理，疏理；二是惩处；三是校量；四是与“乱”相对，特指政治清明安定；五是旧谓王都或地方官署所在地；六是古水名；七是指姓。而以“治”为基础的词汇则有两类：一是动词，如治下、治凡、治水、治化、治平、治戎、治任、治行、治步、治兵、治官、治宜、治阿、治忽、治丧、治朝、治罪、治装、治经、治实、治剧、治亲、治办、治历和治点；二是名词，如治中、治功、治世、治本、治古、治生、治安、治具、治命、治所、治迹、治要、治产、治术、治绩、治谱、治廨、治嚴、治藩、治安策、治书奴、治晚生、治聋酒、治河三策、治粟内史、治粟都尉和治书侍御史。② 从这些用法来看，治始终与乱相对而言，也就是说通过治而消除乱的状态。而且该字具有自上而下的意思，就如水一样，从高往低流。

三、古代汉语中“统治”的用法

古代汉语中的“统治”似乎使用并不多。例如，汉代赵晔《吴越春秋·越王无余外传》：“吾为帝统治水土，调民安居，使得其所。”《隋

① 参见广东、广西、湖南、河南辞源编订组、商务印书馆编辑部编：《辞源》(修订本)(1-4合订本)，商务印书馆1988年版，第1315-1316页。

② 参见广东、广西、湖南、河南辞源编订组、商务印书馆编辑部编：《辞源》(修订本)(1-4合订本)，商务印书馆1988年版，第956-957页。

书·经籍志二》："古之仕者，名书於所臣之策，各有分职，以相统治。"《资治通鉴·秦始皇帝三十三年》："蒙恬常居上郡统治之，威震匈奴。"宋代曾巩《给事中制》："惟精敏不懈，可以统治要剧；惟刚方不苟，可以辨白是非。"①在这些文献中，"统治"的含义主要是代表君主自上而下的治理。这就意味着"统治"在中国古代文献中就具有较为强烈的君权色彩。

此外，"统治权"词汇在古代汉语中并不存在。这说明"统治权"词汇的出现应该是进入近代以后的事情。

第二节 近现代汉语"统治"和"统治权"的用法

古代汉语并不存在"统治权"词汇，因此，我们虽然可以将其界定为一个新词，但是这个新词首先在哪一种汉语文献中出现却并不容易确定。这项工作就是"发现首见书证。首见书证告诉我们某一词最先出于何种文献（时代、著者、种类），如果是新造词，可以由此把握造词者和造词理据的情况；如果是借词，可以了解借入者和借入的途径"②。从目前近代以来汉语新词研究来看，"统治权"并没有被视为一个汉语新词。③ 这里根据目前有关数据库对此进行分析。

① 参见汉语大词典编辑委员会汉语大词典编纂处：《汉语大词典》（第9卷），汉语大词典出版社1992年版，第848页。

② 沈国威：《近代中日词汇交流研究》，中华书局2010年版，第9页。

③ 有关外来词的词典参见刘正炎、高名凯、麦永乾、史有为：《汉语外来词词典》，上海辞书出版社1984年版，第345页；黄河清：《近现代辞源》，姚德怀审定，上海辞书出版社2010年版，第745-746页；《近现代汉语新词词源词典》编辑委员会：《近现代汉语新词词源词典》，汉语大词典出版社2001年版，第260页。同时，有关学者的研究著作参见［日］实藤惠秀：《中国人留学日本史》，谭汝谦、林启彦译，三联书店1983年版，第327-335页；［意］马西尼：《现代汉语词汇的形成：十九世纪汉语外来词研究》，黄河清译，汉语大词典出版社1997年版，第188-274页；史有为：《汉语外来词》，商务印书馆2000年版，第62-93页；沈国威：《近代中日词汇交流研究：汉字新词的创制、容受与共享》，中华书局2010年版，第571-582页。

一、辞典(包括字典、词典)中"统治"和"统治权"的用法

一般来说，字典、词典乃至辞典反映了一个历史阶段的词汇流行程度。通过了解这些辞典，可以发现一个词汇在某一个时间点之前的用法。因此，我们可以根据近代以来的辞典来分析"统治权"的出现情况。由于第一本近代国语辞典《辞源》是由上海商务印书馆 1915 年 10 月隆重推出的，该辞典出版以后不断再版，出续编、正续编合订本，至 1949 年销售量达到 400 万册，对现代汉语词汇体系的形成影响极大。① 既然是第一部近代国语辞典，那么，这说明近代以来的辞典要么是采用古代汉语词典，如《说文解字》、《尔雅》、《康熙字典》等，要么就是采用当时编纂的双语或多语词典。根据 MCST(Modern Chinese Scientific Terminologies)，即近现代汉语学术用语研究数据库的收录，其最早收录"统治权"的辞典是 1903 年出版的《新尔雅》。② 这部辞书还收录了"统治"、"绝对统治"、"相对统治"、"统治机关"、"统治者"、"普遍统治"、"被统治者"词汇。此后，近代中国的双语词典也收录了"统治"等词汇。例如，清水澄所著的《汉译法律经济辞典》就收录了"统治主体"、"统治之客体"、"统治权"三个词汇。③ 清水澄这本辞典是在日本东京发行的，因此，这里只讨论《新尔雅》中的相关词汇。

根据沈国威先生的介绍，《新尔雅》是由留日的中国学生编纂、出版的第一本向中国的读者解释说明西洋的人文、自然科学新概念、术语的术语集。其发行者是国学社，出版社为上海明权社，印刷所是东京并木活版所，印刷者是酒井平次郎。《新尔雅》模仿中国最早的字书《尔雅》，其目录分为释政、释法、释计、释教育、释群、释名、

① 参见沈国威：《近代中日词汇交流研究：汉字新词的创制、容受与共享》，中华书局 2010 年版，第 403 页。

② 参见汪荣宝、叶澜：《新尔雅》，明权社 1903 年版。

③ 参见[日]清水澄：《汉译法律经济辞典》，张春涛、郭开文译，奎文馆书局 1907 年版。

释几何、释天、释地、释格致、释化、释生理、释动物、释植物十四篇。其体例和《尔雅》相同，即：不设词条，采取记述的形式，对各学科领域的概要和基本概念，以关键字(2442 条)为中心进行简要的解说。该书出版社后似乎受到广泛欢迎，1906 年 4 月出第三版(上海文明书局)，1914 年改名为《适用新词书　新辞典》再次由明权社出版。① 由此可见，《新尔雅》在当时受到了广泛关注。

从《新尔雅》内容来看，其仅仅在两处提到了“统治权”一词。在“释政体”篇中，其在描述日本立宪君主政体时认为：“日本乃纯然之君主国体也。其主权由天皇总揽。惟既立宪法开国会，与君主专制不同。此不待言。日本宪法第四条云，天皇为国之元首，总揽统治权，而依宪法之条规以行。欧洲君主国之宪法，但言君临，不言统治，此为通则。由是观之。日本之君主，实兼君临与统治。惟行之必依宪法而已。譬之宪法第五条云，天皇由帝国议会之协赞以行立法权。夫立法权者，统治权作用之一。行之者为天皇，而非帝国议会。议会不过协赞而已。若不协赞而行，即谓之不依宪法之条规。”②由此可见，“统治权”一词出现在日本明治宪法之中，并和天皇相联系。

此外，该书比较频繁地使用了“统治”一词。例如，在解释政体时认为：“凡国家必有统治之机关，其机关之组织及举行之迹象谓之政体。政体有二：一曰专制政体；二曰立宪政体。一人握主权于上，万机独断者谓之专制政体；立宪法国会，以组织国家统治之机关，使人民协赞参与者，是之谓立宪政体。立宪政体又别之为民主立宪、君主立宪。由人民之愿望，建立公和国家，举大统领以为代表，而主权全属人民者谓之民主立宪政体。开设国会，与国民以参政之权，令国民之代表者，出而议法律监督行政，而主权仍属君主者谓之君主立宪

---

① 参见沈国威编著：《新尔雅：附解题 · 索引》，上海辞书出版社 2011 年版，第 1-4 页。

② 沈国威编著：《新尔雅：附解题 · 索引》，上海辞书出版社 2011 年版，第 299-300 页。

政体。”①其显然是以统治机关的差别来划分政体种类。同时，将“统治”和“主权”分开论述，前者有治理之意，后者则与君主、人民相联系。又如，在解释家族时认为：“具体制而自统治之群谓之国家。国家自治之行动谓之统治。统治之主体谓之统治者。统治之客体谓之人民。统治之权握于一人或数人者谓之绝对统治。统治者虽立乎上，而群中之意思亦得与乎统治之动机者，谓之相对统治。全群意思，皆得与乎统治之动机者，谓之普遍统治。民众不能自进步，必待统治者之教导时代谓之教化时期。群治进化，人民优于自动统治者，务在去恶以保群时谓之刑政时期。进善去恶，事事皆依成法施行，谓之法治时期。由族制推广而成国者谓之族制国。由教团推广成国者谓之神政国。以威压服从定统治者及人民之关系之国谓之服从国。由群中分子自结成一国者谓之约束国。成国家政治之中枢机关谓之统治机关。统治机关之运营谓之政治……”②这一段描述频繁地使用“统治之群”、“统治”、“统治之主体”、“统治之客体”、“统治者”、“统治之权”、“绝对统治”、“相对统治”、“统治之动机”、“普遍统治”、“统治机关”等词，并对相关词汇进行了解释，这说明，“统治”一词是与国家相联系的，并以此可以判断国家种类。

通过《新尔雅》中“统治”和“统治权”词条来看，这些词汇的使用方式在当时人们中非常普遍，因而具有代表性。

二、著述中“统治”和“统治权”的用法

所谓著述，就是指报纸、期刊以及著作。根据 MCST（Modern Chinese Scientific Terminologies），即近现代汉语学术用语研究数据库的收录，也是在 1903 年，“统治权”和“统治”开始在当时出版的著作中出现。例如，雷士特所著的《国际公法大纲》中收录了“统治”、“共

① 沈国威编著：《新尔雅：附解题 · 索引》，上海辞书出版社 2011 年版，第 301 页。

② 沈国威编著：《新尔雅：附解题 · 索引》，上海辞书出版社 2011 年版，第 243 页。

同统治"词汇。① 又如，《新学大丛书》中的三本著作有"统治权"词汇。② 此外，北条元笃、熊谷直太编的《编译普通教育百科全书》中有"统治权"词汇。③ 上述著作中的词汇均是在法律著作中出现的，而且和《新尔雅》一样均是在1903年出现的。

而根据《全国报刊资料索引》晚清民国期刊数据库的收录来看，"统治"一词出现于1902年的报刊之上。④ 从其出现的报刊来看，《游学译编》和《政艺通报》1902年第1期均采用了同一个内容。而《游学译编》的文章来源是东京《朝日新闻》。这说明，"统治"词汇来自于近代日语。

此外，在报纸上出现"统治权"词汇的最早时间大致为1904年。⑤ 其显然晚于上述1903年出现的辞典和著作。

因此，我们大致可以推测，"统治"于1902年已经出现，而"统治权"则于1903年出现。"统治"词汇在出现时就与政治领域紧密相关，而"统治权"一开始就是一个法律词汇。而且所有上述著作和辞典均与近代日语有着密切的联系。这说明，"统治"的相关词汇(包括"统治权")均来自于近代日本。

---

① 参见雷士特：《国际公法大纲》，商务印书馆译，《政学丛书》，商务印书馆1903年版。

② 参见《法学总论》、《各国宪法论略》、《日本宪法创始述》，《新学大丛书》，积山乔记书局1903年版。

③ 参见北条元笃、熊谷直太编：《国际公法》，范迪吉等译，范迪吉编：《编译普通教育百科全书》，会文学社1903年版。

④ 参见《中国纪事：新定统治蒙古制度》，《大陆(上海1902)》1902年第1期，第6-7页；《新定统治蒙古制度(东京朝日新闻)》，《游学译编》1902年第1期，第33-38页；《内政通纪卷四：直督袁条陈统治蒙古策》，《政艺通报》1902年第11期；《上篇：内政通纪：新定统治满洲新章》，《政艺通报》1902年第19期；《中国纪事：新定统治西藏制度》，《大陆(上海1902)》1902年第1期，第7-8页；《上篇：内政通纪：新定统治西藏制度》，《政艺通报》1902年第21期。

⑤ 参见《纪事：内国之部：收回金福海盖诸州县统治权》，《大陆(上海1902)》1904年第2期。

第三节 近代日语“统治”和“统治权”的来源及其历史影响

既然“统治”和“统治权”词汇均来自于近代日本，这就有必要了解一下近代日本是如何使用这些词汇的。

一、近代日语中“统治”、“统治权”词汇的来源

“统治”和“统治权”在现代日语中较为常见。“统治”的日语表述为“統治”，读为“とうち”；“统治权”的日语表述为“統治権”，读为“とうちけん”。① 从日语的读法来看，似乎将“统治权”直接按照汉语拼音进行拼读。从词源来看，显然“统治”和“统治权”是由近代日本人利用汉字所组合的新词。这也说明近代以前日语中并不存在这两个词汇。

（一）近代日语“统治”词汇来自于对英文“government”的翻译

前面已经提到，古代汉语中虽然有“统治”词汇，但是并没有“统治权”词汇。这里存在一个问题：“统治”这个固有词汇是否在19世纪就已经为近代中国人所使用？笔者以为，从有关记录来看，“统治”词汇在19世纪并没有出现。而且，即使1894年中日甲午战争之后，对近代日本的介绍中亦未见这个词汇。例如，黄遵宪、康有为、梁启超尽管利用了大量的日语词汇，但是似乎并没有提及“统治”和“统治权”。② 这一点我们可以了解一下近代中国1840年至1889年近五十年期间的“统治”、“统治权”翻译情况。从历史来看，虽然近代中国早期在翻译西方著作中常常提到“统”、“治”和“权”三字，但是似乎始终没有出现“统治”和“统治权”连用的情况。以《万国公法》为

---

① 参见吉林大学汉日辞典编辑部：《汉日辞典》，吉林大学出版社1982年版，第1681页；北京外国语学校：《详解日汉辞典》，北京出版社1983年版，第936页。

② 从目前近代中国新词研究来看，这些人的著作中并不存在这两个词汇。

例，美国人丁韪良（W. A. P. Martin，1827—1916）于1863年完成了《万国公法》的翻译工作，并予以出版。在该书中，“统”、“治”和“权”三字的频繁出现，表明这些字已经为当时人们所熟知。根据该书，可以发现大致有如下组合词汇：“统其事”、“统领”、“统权”、“统理”、“统带”、“统辖”、“统于一”、“统一”、“统之”、“统行之”、“统主”，其中，与“统治权”最为接近的词汇就是“统权”。例如，其提到：“夫国之赖以立者，须二事而成，有因众人以治己之私权，归之于公，一也，有统权之君，以为之制法禁暴，二也。”①又如，其也提到：“屡有公议欲改其合盟，使其统权可及各邦内务，但此议未成。”②从表达意思来看，“统权”似与“君”联系在一起。同时，该词虽然缺了“治”字，但是，其意义却与“统治权”相同，强调权力的统一。此外，在该书中，为近代日本所广泛使用的词汇，如“主权”、“国权”、“大权”、“君权”、“国体”、“国法”，已经出现。当然，该书也提到了“治外法权”，这是“治”和“权”连接的通常用法，而尚未出现“治权”的词汇。1884年丁韪良曾经写过一篇文章谈论中国古代公法，原标题为“International Law in Ancient China”，其中提到：“夫中国垂一统之治，建无外之规，于今2000年矣。其间割据纷争，事极罕见。公法之学，固无自而兴。向使欧洲至今犹统于一尊，则亦不能有公法，为其无相需之势也。”③“一统之治”可能是近代中国早期“统”与“治”连接的通常用法。

而同一时期的近代日本似乎在19世纪70年代开始出现了“统治”词汇。我们可以以1876年小野梓所写的《国宪论纲》为例予以说明。该书于1885年出版了补充本，并改名为《国宪泛论》。从《国宪泛论》的近代中译本来看，其对“统”（统一、统领、统计、男统、女

---

① ［美］惠顿：《万国公法》，丁韪良译，何勤华点校，中国政法大学出版社2003年版，第14页。

② ［美］惠顿：《万国公法》，丁韪良译，何勤华点校，中国政法大学出版社2003年版，第53页。

③ 丁韪良：《中国古世公法论略》，王健编：《西方东渐——外国人与中国法的近代变革》，中国政法大学出版社2001年版，第32页。

统、统御)、“治”(共治、主治者)、“权”(国权、主权、大权)三字的使用也非常常见。但是,在该书中开始频繁出现“统治”词汇。例如:“夫天下无以己之私权统治他人之理者,如选举人、如议官,其所行政事,乃统治人者。”①又如:“然而近代,其势为之变矣。无论其为合众共和之国与立君统治之邦,莫不总行政职权于一者,盖政令出于一途,斯责任有所归也。”②再如:“宰相闻之答曰:‘国王得统治而不得实行之言,乃偏激之论,不宜行之日耳曼帝国页。’”③此外:“由是以观,则卫生之事,似宜归之中央统治矣。……且统治之于中央政府,其吏员亦必须于各地方选任之,而此之吏员,亦不免其地方劣等之舆论,而防备失误之法术,亦必无之也。”④还有,“而市邑则大抵以民选之邑长副邑长统治之,而以邑会辅助之”。⑤ 最后,“法兰西之地方政治,则或行中央统治之制,或行地方自治之制,变易不一,予不能记述之也”。⑥ 由于《国宪泛论》的前身《国宪论纲》的写作深受《万国公法》的影响,因此,从《国宪泛论》对字词的使用来看,小野梓的这两部著作已经在《万国公法》的基础上重新组合了不少词汇,如“统治”。从学者介绍来看,《国宪论纲》应该已经出现了“统治”词汇。例如,小野梓认为:“设立国宪就是为了限定和规定统

① [日]小野梓:《国宪泛论》,陈鹏译,丁相顺勘校,中国政法大学出版社 2009 年版,第 143 页。

② [日]小野梓:《国宪泛论》,陈鹏译,丁相顺勘校,中国政法大学出版社 2009 年版,第 200 页。

③ [日]小野梓:《国宪泛论》,陈鹏译,丁相顺勘校,中国政法大学出版社 2009 年版,第 209 页。

④ [日]小野梓:《国宪泛论》,陈鹏译,丁相顺勘校,中国政法大学出版社 2009 年版,第 301 页。

⑤ [日]小野梓:《国宪泛论》,陈鹏译,丁相顺勘校,中国政法大学出版社 2009 年版,第 306 页。

⑥ [日]小野梓:《国宪泛论》,陈鹏译,丁相顺勘校,中国政法大学出版社 2009 年版,第 310 页。

治者的权利和义务，以谋求社会的普遍真理。”①又如，小野梓也认为：“立法的最根本目的就是安固，国宪尤其要谋求被统治者的安固。所以，我主张立宪的大宗旨，也就是防止统治者的暴政和专制，谋求被统治者的安康。”②小野梓在《国宪论纲》中似乎较多地使用“统治者”和“被统治者”。不过，从《国宪泛论》的中译本来看，译者却翻译成了“主治者”和“被治者”。这就提出了一个问题，小野梓在《国宪论纲》中是否使用了“统治者”和“被统治者”词汇。笔者以为，从肖传国先生的介绍来看，这一时期《国宪论纲》可能并没有使用上述两个概念，但是小野梓应该已经开始使用“统治”词汇，因为英国的穆勒《统治论》对小野梓的政体思想影响很大。③ 需要注意的是，这里的穆勒应该是指现在通用翻译名词的约翰·斯图亚特·密尔，而不是密尔的父亲詹姆斯·穆勒，而所谓的《统治论》应该是指现在称之为《代议制政府》的著作。这样，我们大致可以猜测，近代日本“统治”词汇大致可能与英文“government”相联系。④ 此外，《国宪泛论》在近代中国的翻译时间为1903年，这个时间点恰恰和“统治”词汇在近代中国的出现时间相衔接，也就是说，当时“统治”词汇在近代中国的流行才刚刚开始，因此，译者显然不可能自创词汇来翻译《国宪泛论》，

---

① 小野梓：《国宪论纲》，《小野梓全集》第2卷，早稻田大学出版部1979年，第376页。转引自肖传国：《近代西方文化与日本明治宪法》，社会科学文献出版社2007年版，第39页。

② 小野梓：《国宪论纲》，《小野梓全集》第2卷，早稻田大学出版部1979年，第377-380页。转引自肖传国：《近代西方文化与日本明治宪法》，社会科学文献出版社2007年版，第40页。

③ 参见肖传国：《近代西方文化与日本明治宪法》，社会科学文献出版社2007年版，第40页。

④ 对此，笔者曾推测其可能与德语“regieren”有关，一方面，该词在1850年普鲁士宪法中存在，另一方面，该词是一个充满君权色彩的概念。佐藤功认为：“在普鲁士regieren一词和英国的reign、法国的régner有不同的含义，reigen（临朝）并且govern（治理）才是regieren（统治），如果国王不是在现实上进行统治（regieren），那就不能叫做君主制。”[日]佐藤功：《比较政治制度》，刘庆林、张光博译，法律出版社1984年版，第99页。显然，这种判断有误。

其最大的可能就是“统治”词汇已经在《国宪泛论》中出现了。不过，《国宪泛论》对“统治”词汇的运用并不频繁，其似乎只在两个领域使用：一是描述君主统治；二是中央与地方关系领域。

因此，从小野梓著作对“统治”的使用情况来看，近代日语“统治”词汇可能是与英文“government”相对应。至于日文“统治”一词到底为何者所创制，囿于语言的限制，这里暂时存而不论。

（二）近代日语“统治权”词汇出现在明治宪法制定过程之中

尽管“统治”词汇在19世纪70年代近代日本已经出现，但是“统治权”显然在这一时期并没有出现。一方面，小野梓并没有将“统治”和“权”相联系的用法，另一方面，由于《国宪泛论》与当时日本天皇立宪调查活动紧密相关，因此，从立宪调查情况来看，其似乎也没有使用“统治权”这个词汇。

若从宪法变迁来看，在近代日本自由民权思想的推动下，19世纪70年代末期到80年代早期，兴起了民间起草宪法草案的高潮，其中已经出现“统治”词汇，但是尚无“统治权”词汇。比较典型的就是1881年4月25日交询社在《交询杂志》第45号上发表的《私拟宪法草案》。其中第1条规定“天皇按照宰相及元老院、国会院立法两院来统治国家”。① 而1880年元老院宪法草案依然没有使用“统治”和“统治权”词汇。② 所有这些说明，“统治”词汇在明治宪法正式颁布之前已经较为流行。

1881年6月，岩仓具视让太政官井上毅进行宪法调查。在这个过程中，井上毅向当时外务省所雇用的法律顾问海尔曼·罗埃斯勒请教了英国“国王统而不治”的问题。对此，罗埃斯勒解释认为：“英国国会政治的原则，是国王为政府首脑，但其实没有统治权，因此，大臣对国会议员而不是对国王负责。而在普鲁士，国王是政府的主宰，

---

① 参见肖传国：《近代西方文化与日本明治宪法》，社会科学文献出版社2007年版，第47页。

② 参见肖传国：《近代西方文化与日本明治宪法》，社会科学文献出版社2007年版，第86页。

大政大权总是掌握在国王手里，因此，普鲁士绝不存在“国王统而不治”的现象。”①这里需要注意的是，当时“统”和“治”可以分开使用。而宪法调查形成的岩仓具视的宪法意见中，也提到了“统治”一词。关于普鲁士宪法，其认为：“在普鲁士，国王不仅统治国民，还处理国政。虽说立法权与议会共享，而行政权专属国王，不让他人干预。不论议会政党的多少，国王均可选拔大臣执政。”②从肖传国先生的介绍来看，其似乎已经提到了“统治权”。

有意思的是，在1882年伊藤博文赴欧洲考察过程中，从有关德意志学者莫设、斯坦因的建议来看，“主权”、“国权”、“统帅”、“王权”、“统驭”、“君权”、“统治”不断出现。其中莫设认为：“我普国国王以其固有之权力，总揽万般国权，以此统领全国。所以，国王的意志即代表国家的意志。……我普国立君之制与他国之制源流不同，不便与之比拟。总之，我国王总揽国权，统驭全国，万机政令属于国王固有之权。”③而斯坦因认为：“日本的元首之所以成为元首，是由于其古代国神创造了日本国，国家的存在就是国神的存在。这样，继承其位者，能不世世代代拥有作为元首的权威吗？大凡物质，在创造它的力量存在时它就继续存在，该力量消亡时它也随之消亡，这是哲学上的真理。……也就是说，使日本的元首成为元首的缘由，是源于永远不灭的力量，因此，日本无论怎样允许言论自由，也决不可危及皇室”，“日本是天然帝国，天然帝王不与天地共运动。日本国体的可敬之处就在于此。……由天皇统治国家，极为方便”。④ 伊藤博文甚至还记录了“治”的翻译，“theocracy”即“神治”，其中

① 肖传国：《近代西方文化与日本明治宪法》，社会科学文献出版社2007年版，第109页。

② 肖传国：《近代西方文化与日本明治宪法》，社会科学文献出版社2007年版，第110页。

③ 肖传国：《近代西方文化与日本明治宪法》，社会科学文献出版社2007年版，第127页。

④ 肖传国：《近代西方文化与日本明治宪法》，社会科学文献出版社2007年版，第138页。

“theo”是谓神，“cracy”是谓治，即“受神命主持统治之政体也”。①而在伊藤博文的调查结论中则频繁使用“统治”、“统治大权”等词汇。伊藤博文认为日本不宜采用英国制度的原因：“英国主义就是国王仅有王位而不统治。若采用此主义，就是王政复古。我皇国七百余年间，统治大权被幕府掠夺，但皇位、皇统仍然连绵未断。王政复古，即所谓将统治大权重新交于幕府。如果皇室重新失去统治大权，回到幕府统治时代，这难以聚拢日本臣民之心。更何况不符合我国国体。”②

而到明治宪法草案在枢密院审议期间，伊藤博文经常使用“统治”、“大权”、“统治之大权”。例如，伊藤博文在枢密院宪法草案审议时演说认为：“在制定宪法时，必须首先找到我国的基轴，确定我国的基轴是什么。如果没有基轴，将政治交给人民妄加议论，国政就失去了纲纪，国家就会灭亡。国家要想生存下去，管理好人民，就要深谋远虑，保持统治的功能。”③又如，伊藤博文认为：“我日本帝国以2500年的历史为根本，以2500年的国体为基础，吸收世界上通用的立宪政治即议会政治的一部分——只符合日本国体和日本历史的部分，以保全2500年的君权即天皇陛下的统治权，不变更国体，不割断历史，但却能加入欧洲宪法国的行列。”④值得注意的是，伊藤博文开始解释“统治权”。所谓“统治权”，就是“统治的大权”，“在君主国，一国统治的大权，与君主的人身密不可分，唯君主有之”，“是君主依据固有之权利而保有者”，“如此看来，君主的大权决非来自其他因素，乃依据与君主人身密不可分之自己的权利而掌握者。因

---

① 参见[日]信夫清三郎：《日本政治史》(第3卷)，吕万和、熊达云、张健译，上海译文出版社1988年版，第190页。

② 肖传国：《近代西方文化与日本明治宪法》，社会科学文献出版社2007年版，第130页。

③ 肖传国：《近代西方文化与日本明治宪法》，社会科学文献出版社2007年版，第137页。

④ 肖传国：《近代西方文化与日本明治宪法》，社会科学文献出版社2007年版，第139页。

此，所谓一国之权力，乃以君主大权为其基轴，一切权利皆来源于此”。① 因此，在起草宪法者观念中，“统治权”是“统治大权”的简称。

由此可见，“统治权”在明治宪法制定过程中才正式出现。虽然罗埃斯勒提到了“统治权”，但是其可能是翻译上的偏差。从伊藤博文的解释来看，其将统治权视为统治大权，实际上说明了当时人们的宪法观念。而从宪法文本来看，“统治权”应该首先出现在明治宪法之中。②

二、近代日语中“统治”和“统治权”词汇的历史影响

（一）近代日语“统治”和“统治权”词汇影响了近现代汉语

“统治”或“统治权”在近代日本的出现，影响了近现代汉语对该词的吸收。深受日本明治维新以后国力强盛的刺激，1894 年中日甲午战争以后，近现代中国掀起了向日本学习的高潮。在这种情况下，“统治”和“统治权”词汇就被时代潮流裹挟着进入近现代中国。清末变法而引发的立宪活动更使明治宪法以及围绕该宪法而出现的宪法理论得以传播。其中，“统治”和“统治权”条款的示范作用更是明显。随着日本明治维新变法所带来的法政词汇的传播，上述两个词汇更为近现代中国人所常用。以商务印书馆光绪三十三年（1907 年）初版的《新译日本法规大全》为例，这套书一直沿用至民国时期，到 1914 年已经出版到第 14 版，可见影响面之大。为了能使读者看懂它所使用的法学语词，该书专门附有一册《解字》。③ 这本解字有“统治权”的解释，而没有“主权”概念的解释。其将“统治权”解释为“凡具有独立

---

① 参见［日］信夫清三郎：《日本政治史》（第 3 卷），吕万和、熊达云、张健译，上海译文出版社 1988 年版，第 201 页。

② 《日本国语大辞典》对“统治权”的唯一举例就是明治宪法第 4 条。参见［日］日本大辞典刊行会：《日本国语大辞典》（第 14 卷），小学馆发行，昭和五十六年九月一日第八次印刷，第 490 页。

③ 参见俞江：《近代中国的法律与学术》，北京大学出版社 2008 年版，第 16 页。

权之国，主是国者，依应得之权而统治其国，此名统治权。统治权者，全国境内无匹之大权”。① 这些记录表明，“统治”和“统治权”在近现代中国的流行与立宪活动有着密切的关系。

进入民国时期以后，“统治”、“统治权”依然为人们所常用，并形成了一些新的词汇。这些词汇不仅对新中国成立初期至改革开放以前产生了深远影响，而且对改革开放以来的当代中国依然发挥着其应有的作用。

（二）近代日语“统治”和“统治权”词汇对近现代日本的影响

近代日语“统治”和“统治权”两个词汇亦影响了近代日本自身。一方面，“统治”被用于对日本古代文献的阐释。“统治”在《古事记》中有不同的表述，即“うしはぐ”和“しらす”，这两个词是“太古时代给人主对国土、人民进行活动所起的名称”，而“うしはぐ”是“领有”（相当英文的 occupy），意指“土豪之所为，收取土地人民作为我私产”。“うしはぐ”是支那和欧洲的统治原理。“在支那和欧洲，豪杰一人起事，即占有许多土地，立一政府统治之，以此征服之结果作为国家之释义”。只有“しらす”才是“作为正统皇孙君临国家之伟业”，因而“世世代代大御诏上的公文式，称谓都是治理大八洲国之天皇”。于是，“皇族传统家法存于治理国家一词之中”，所以“知国治国之说法”乃日本独特的国家原理，甚至“各国无可与之相比之词”。② 也就是说，天皇的“统治”是“しらす”，而不是“うしはぐ”。对此，伊藤博文在《日本帝国宪法义解》一书中指出：“天皇居于统治之大位，统领大权，治理国土臣民。正如上古天祖之敕语所示：‘瑞穗国是吾子孙可王之地，皇孙可就而治焉。’又有神祖之称的日本武尊始御国天皇之言：‘吾者高座于缠向日代宫，统领大八岛国之大带日子淤斯吕和气天皇之子。’文武天皇之即位诏书曰：‘天皇之子世代相继，治理

① 钱恂、董鸿祎：《新译日本法规大全：法规解字》（点校本），何勤华点校，商务印书馆 2007 年版，第 112 页。

② 参见［日］信夫清三郎：《日本政治史》（第 3 卷），吕万和、熊达云、张健译，上海译文出版社 1988 年版，第 187-188 页。

大八岛国。'平定天下，造福万民，抚慰生灵之历代天皇，皆以此为传国大训，此后'御大八州天皇'遂成为诏书之例式。所谓'治理'者，即统治之意也。盖历代天皇均重此天职，以君主之德在于统治八州之臣民，非一人一家之私事页，此者宪法之源流，国体之基础也。"①从这里可以看出，伊藤博文运用"统治"解释历代天皇诏书中的"治理"含义。

另一方面，"统治"和"统治权"也影响了近代日本对近代德国国法学概念的认识。例如，"统治权"在明治宪法中的出现，使得当时日本宪法学不得不对此进行解释。在日本宪法学中，则出现了"主权"、"国权"和"统治权"混用的局面，以至于美浓部达吉在20世纪初期对此现象进行了严厉批评，并主张要区分上述三个概念。不过，由于德国国法学在明治宪法公布以后日益盛行，日本学者在对译德国国法学有关概念时常常用"主权"、"统治权"和"国权"来处理。美浓部达吉在辨析"统治权"、"国权"和"主权"时，就分别用不同的德语词汇来对应，例如"主权"，即souveränität；"统治权"，即herrschaftsrechte、hoheitsrechte、herrschergewalt；"国权"，即staatsgewalt。其中，在辨析"统治权"时指出，其在德语中有两种用法，一种是统治的权力，如herrschergewalt、puissance publique；另一种是统治的权利，如herrschaftsrechte、hoheitsrechte、droit politics。②事实上，上述日语中混用的情况在近代德国亦存在。有学者指出："德语起初并没有和主权相对应的单词。obergewait and landeshoheit实际上仅代表着一种优势地位；staatsgewalt表示的是国家的权力，国家的整体权力；majestät表示的是国家尊严；machtvolkommenheit表示的似乎是某种绝对意义上的'权力的完整性'（plenitude potestatis）；souvönetät起初有时候仅仅意味着是staatsgewalt的一种属性，但是后

① ［日］伊藤博文：《日本帝国宪法义解》，牛仲君译，中国法制出版社2011年版，第3-4页。

② 参见［日］美浓部达吉：《宪法学原理》，欧宗祐、何作霖译，汤唯点校，中国政法大学出版社2003年版，第191页。

来取代了其他普通单词，而现在成为和英语主权或法语 souveraineté 相对应的单词。”①再如，19 世纪德国学者魏茨认为，国家权力（staatsgewalt）是指“国家中已有的（现有的）权力的统称；人们用以称呼国家权力或类似的其他用法具有不同的含义，或者是指君权，或者指国家的主权、统治权”。② 这表明“主权”、“统治权”、“国家权力”在德语中也不容易区分。

这样，“统治”和“统治权”词汇就成为近现代日本和中国认识政治和法律现象的非常重要的词汇，并体现于宪法文件之中。而早在近代日本 19 世纪 70 年代自由民权运动时期，“统治”已经被广泛采用，因为只有“统治”概念的流行，才会顺理成章地形成“统治权”概念。所以，前述“统治权”创自于德国的说法恐怕值得斟酌。正是由于日本学者用“统治权”对译德语中的有关概念，才造成王世杰、钱端升两位先生对“统治权”概念的上述认识。

① ［美］小查尔斯·爱德华·梅里亚姆：《卢梭以来的主权学说史》，毕洪海译，法律出版社 2006 年版，第 100 页注释④。

② ［美］小查尔斯·爱德华·梅里亚姆：《卢梭以来的主权学说史》，毕洪海译，法律出版社 2006 年版，第 154 页。

第二章　两权分立时期的统治权类型

所谓两权分立，是指君权与民权的相互对立。自 1840 年以来，中国人认识西方政治体制的基本范式主要有“君主”、“民主”和“君民共主”三种。例如，光绪三十一年十二月二十日（即 1906 年 1 月 14 日），御史刘汝骥上奏：“查近今之政治家，其论国体也有三：曰君主，曰民主，曰君民共主。其论国政也亦有三：曰专制，曰立宪，或曰共和立宪。大旨在抑君权以张民权。”①这里提到了“君权”和“民权”的对立。所谓“君主”，即“君作主”，就是指纯粹的君权制。所谓“民主”，即“民作主”，就是指纯粹的民权制。而所谓“君民共主”，即“君和民共同作主”，是指君权与民权的共存。之所以会产生这种认识，原因在于西方政治体制存在着异于传统中国政治体制的议院制度。这里所说的两权，在当时中国人的观念中并不是从“权”的角度去认识的，而是从君与民之间的关系去认识的。对于“权”的认识虽然已经出现，但是在宪法领域似乎并不普遍。尽管自 1898 年戊戌变法以来，三权鼎立学说开始为一部分中国人所引用，但是立法、行政和司法三权始终处于君权之下，而不能视为一种独立的权力类型。这种局面一直延续到 1912 年 3 月 11 日公布的《临时约法》才有所改观。

第一节　清末立宪时期的统治权类型

第一种统治权类型就是君主总揽统治权的形态。其代表了清朝廷对君主在立宪过程中的地位的基本认识。尽管这种类型只停留在皇帝的上谕之中，但是，《钦定宪法大纲》和《重大信条十九条》对君主在

---

① 《御史刘汝骥奏请张君权折》，故宫博物院明清档案部编：《清末筹备立宪档案史料》（上册），中华书局 1979 年版，第 107 页。

宪法中的地位进行了新的规划，以作为未来制宪的蓝图。这两个宪法文件对君主权力的安排存在较大的差异，也说明君主具有举足轻重的作用。

一、清末立宪时期的统治权观念

1901 年 1 月 29 日，慈禧太后以光绪名义颁发变法谕旨，从此开始了清廷的变法运动。经过国内讨论和国外考察，1906 年 9 月 1 日，朝廷发布仿行宪政的上谕，至此，晚清立宪的思路逐渐清晰。随着立宪活动的展开，如何进行权力安排成为立宪活动的重要内容。从当时人们的讨论来看，在涉及君主权力问题上，人们使用了很多词汇，如"君权"、"主权"、"大权"、"统治权"。也就是说，在认识立宪问题时，"统治权"词汇并不是唯一的概念。这就有必要了解一下立宪过程中的统治权观念。

（一）"主权"、"大权"和"统治权"

在清末立宪讨论过程中，与权力有关的词汇使用并不普遍。不过，在讨论宪法中权力安排时则常常使用"主权"、"大权"和"统治权"等词汇。其中，"主权"和"统治权"则常常与君、民两个主体相联系。而"大权"则常常与君相联系。清廷力主实行君主立宪，在讨论立宪思路上也基本上是以日本明治宪法为模仿对象，因此，在讨论"主权在君"或"统治权在君"时均是结合日本明治宪法对天皇权力的规定来讨论的。也就是说，其在说明君主权力种类时基本上是以日本为参照系来展开的。例如，江苏学政唐景崇认为应该仿照日本实行主权在君，其还列举了日本明治宪法条文："一曰当断定立宪主权也。查各国宪法有君主宪法。若英吉利、德意志、意大利、葡萄牙、比利时、荷兰等国，及东亚之日本，皆君主宪法，此主权在君也。若法兰西、美利坚皆民主宪法，此主权在民也。二者截然不同。考宪法者，当先清其界限。窃谓我国而行立宪，当仿日本为宜。"①又如，载泽在

① 《江苏学政唐景崇奏预备立宪大要四条折》，故宫博物院明清档案部编：《清末筹备立宪档案史料》（上册），中华书局 1979 年版，第 114 页。

考察日本政治后向朝廷提交的奏折中就提出了君主总揽统治权问题："顾其立言则必曰防损主权。不知君主立宪，大意在于尊崇国体，巩固君权，并无损之科研。以日本宪法考之，证以伊藤侯爵之所指陈，穗积博士之所讲说，君主统治大权，凡十七条……以上言之，凡国之内政外交，军备财政，赏罚黜陟，生杀予夺，以及操纵议会，君主皆有权以统治之。论其君权之完全严密，而无有丝毫下移，盖有过于中国者矣。"①在载泽的奏折中，"立宪"、"宪法"、"君权"、"统治大权"、"统治"等词汇屡见不鲜，其核心就是君主权力。

在当时人们的用法中，"主权"词汇并不与国家相联系，而"统治权"则常常与"国家"相联系，至于"大权"则往往与君主相联系。其中的逻辑关系是，君主立宪国实行君主主权，而国家统治权则由君主掌握，这种统治权在宪法上的表现就是大权。也就是说，统治权在君主手中，而大权只是列举君主权力的总称，因为在立宪体制下，除了君主之外，尚有议院制度。这种思路在达寿对君主立宪的认识中最为明显。

1907年，清政府再次派出考察宪政大臣，专门考察德英日三国。其中达寿赴日，他在回国后的奏折中详细讨论宪政，其中就为君主立宪提供了有力的理论基础。首先，将国体的分类标准定位为统治权的归属。政体有立宪与专制之分，而国体则异。他认为："所谓国体者，指国家统治之权，或在君主之手，或在人民之手。统治权在君主之手者，谓之君主国体，统治权在人民之手者，谓之民主国体。而所谓政体者，不过立宪与专制之分耳。"②其次，他批评了权力分立学说。"夫所贵乎国家者，以有统治之权力也。统治权系唯一不可分之权，若其可分，则国家亦分裂矣。故擘分国家主权为三事，而使分任

① 《出国各国考察政治大臣载泽奏请宣布立宪密折》，故宫博物院明清档案部编：《清末筹备立宪档案史料》(上册)，中华书局1979年版，第173-174页。

② 《考察宪政大臣达寿奏考察日本宪政情形折》，故宫博物院明清档案部编：《清末筹备立宪档案史料》(上册)，中华书局1979年版，第25页。

之者，各自为其权力之主体，此种理论，实为国权统一之原则。”①再次，他区分大权政治、议院政治和分权政治。“大权政治者，谓以君主为权力之中心；故其机关虽分为三，而其大权则统于一。其对于内阁也，得以一己信任之厚薄，自由进退其大臣。其对于议会也，则君主自为立法之主体，而议会不过有参与之权，议会虽有参与之权，而君主实仍操裁可之柄。其对于裁判所也，其裁判权虽寄于裁判所，而大赦、特赦减刑复权之事，仍属天皇之自由。此大权政治之大概也。”②达寿使用了“主权”、“统治之权力”、“统治权”、“大权”词汇。从其使用方式来看，其认为，国家的统治权不可分割，若统治权在君主，则为君主国体，若统治权在民，则为民主国体。而政体则可分为大权政治、议院政治和分权政治。达寿与上述载泽的理解存在一定的差异，一是其引入了国体和政体的概念，二是其认为国家主权可以划分为三个部分。

由上可知，“主权”、“大权”和“统治权”的使用方式存在很大不同。“主权”和“统治权”在当时人们观念中认为，既可以在君，也可以在民，两者似乎可以替换。而“大权”则不同，一旦实行君主立宪，君主则必须掌握大权。

（二）国家、统治权和总揽机关

虽然“主权在君”或“统治权在君”的观念成为清末实行君主立宪的基本思路，但是，“统治权”和“主权”之间依然存在某种差别，前者往往与国家相联系，而后者则否。这种做法显然与日本宪法学对其的区分有关，从伊藤博文、穗积八束等人的论述来看，“主权”和“统治权”是不同的，而在清末立宪者来看，则没有差别。这种差别导致在宪法观念上必然出现一个总揽机关的观念。如果统治权在君，那么君可以作为统治权的主体；如果统治权在民，那么民如何作为统治权

① 《考察宪政大臣达寿奏考察日本宪政情形折》，故宫博物院明清档案部编：《清末筹备立宪档案史料》（上册），中华书局1979年版，第32页。

② 《考察宪政大臣达寿奏考察日本宪政情形折》，故宫博物院明清档案部编：《清末筹备立宪档案史料》（上册），中华书局1979年版，第34页。

的主体就成为问题，因为虽然君与民相对应，但是民并不像君那样是一个现实的实体，而是一个虚拟的实体。这样，我们才能理解在论证君主立宪制度时《钦定宪法大纲》奏折说明提出君主总揽统治权问题的缘由。对此，杨度进行了较为深入的分析。其在著名的《金铁主义说》一文中描述了当时对君主立宪和民主立宪中的总揽机关的认识并提出了自己的看法。

杨度首先认为，无论哪一个国家，国家必然具有统治权，而统治权必然有一个总揽之机关。因此，君主专制国的总揽机关是君主，民主立宪国的总揽机关是国会，这一点没有争议。但是君主立宪国则不一定，世界各国法学者既不能认为其必属于君主，也不能认为其必属于国会，只是根据其所制定的宪法来论述其国总揽统治权者属于何机关。然而，针对这一问题，他发现，当时学者存在一个奇怪的现象，即甲国宪法不同于乙国宪法，则甲国之总揽机关必不同于乙国，这是共同的道理，然而，如果是同一国的宪法，而各学者的解释却相互对立，这就产生了纷扰。例如，英吉利（即英国）、普鲁士和日本，同样均是君主立宪国，学者论其宪法，不仅因国而异，又复因人而异。有的认为，英吉利、普鲁士之总揽机关为君主与国会，而日本之总揽机关为君主；有的认为，英吉利之总揽机关为君主与国会，而日本之总揽机关为君主；有的认为，英吉利之总揽机关为君主与国会，而普鲁士与日本之总揽机关为君主；有的认为英吉利之总揽机关为国会，普鲁士之总揽机关为君主与国会，日本之总揽机关为君主；有的认为，英吉利、普鲁士、日本之总揽机关均为君主，不一而足。对此，杨度认为，在事实上，一国总揽机关肯定只有一个，但在法理上，却因学者认识差异而有不同。就当时中国君主立宪与民主立宪之争，从法理上看，也是众说纷纭。杨度认为，凡是法学上总揽机关导致学者争议的，必定是君主立宪国宪法，而民主立宪国宪法，无不以国会为总揽机关，而其争论之原因是非为中国人民计，而为世界学者计也。最后，杨度认为上述从法理上不能解决民主立宪和君主立宪之争问题，而必须根据事实来解决，即根据当时中国之事实而言立宪，则其所主张者为君主立宪而不是民主立宪。① 由此可见，杨度认为在理论上争论君主立宪和民主立宪是没有必要的，而是要根据当时中国现实国情来选择立宪模式，反映了其试图纠正当时中国人对立宪问题的思考路径。

由此可见，在晚清立宪中，统治权首先被认为是国家的，在君主立宪国家，统治权由君主总揽；在民主立宪国家，统治权由国会总揽。而在宪法上，君主立宪制宪法必然实行君主大权制，民主立宪制宪法则必然实行国会大权制。通过统治权等概念的运用，我们可以看到当时人们统治权观念的特殊性。

二、清末立宪时期的统治权形态

那么，在“主权在君”、“统治权在君”和“大权统于一”等指导思想下，清廷在宪法中如何安排君主权力就成为统治权的中心问题。通常认为，1908 年公布的《钦定宪法大纲》代表了君主总揽统治权的权力安排。这就有必要分析一下该大纲的相关内容。从《钦定宪法大纲》来看，其主要分为三部分：一是前言；二是君上大权；三是附录臣民权利义务。其中，集中展现君主总揽统治权形态的部分就是前两个部分。

前言规定了君主立宪政体的基本权力结构。其规定，按君主立宪政体，君上有统治国家之大权，凡立法、行政、司法，皆归总揽，而以议院协赞立法，以政府辅弼行政，以法院遵律司法。② 也就是说，君主与议院、政府和法院三者的关系是一种总揽关系。而正文详细列举了君上大权，共 14 项。从这些规定来看，其体现了三个特征：第一，君主统治国家。其规定，大清皇帝统治大清帝国，万世一系，永

① 杨度：《金铁主义说》，刘晴波主编：《杨度集》，湖南人民出版社 1986 年版，第 365-367 页。

② 《宪政编查馆资政院会奏宪法大纲暨议院法选举法要领及逐年筹备事宜折》，故宫博物院明清档案部编：《清末筹备立宪档案史料》（上册），中华书局 1979 年版，第 57 页。

永尊戴。这里使用了“统治”一词，集中反映了君主统治的政治形态。第二，君主权威不容侵犯。其规定，君上神圣尊严，不可侵犯。这显然明确了君主的精神地位。第三，君主有大权。其规定了君主的“钦定颁行法律及发交议案之权”、“召集、开闭、停展及解散议院之权、设官制禄及黜陟百司之权”、“统率陆海军及编定军制之权”、“宣战、讲和、订立条约及派遣使臣与认受使臣之权”、“宣告戒严之权”、“有爵赏及恩赦之权”、“总揽司法权”、“发命令及使发命令之权”、“发代法律之诏令”、“制定常额”和“议定皇室大典”等权力。这些权力均是君主自身的权力。而议院不能行使这些权力。由于该大纲属于未来立宪的蓝图，因此，这 14 条在列举时先肯定说明君主权力，再否定或部分肯定议院的权力。

从大纲来看，其基本上以君上为一方，以议院为另一方。尽管在前言部分提到了立法、行政和司法，但是议院、政府和法院之上尚有君上。对此，在理论上如何认识则有争议。例如，有学者认为：“《钦定宪法大纲》是一部以西方三权分立为组织原则而制定的资本主义性质的宪法类文件。”①又如，有学者认为：“这部《钦定宪法大纲》虽然从头到尾都是保障君主极端集权的条文，而且也显露出了清朝统治者不愿改变国家权力配置的企图及预备立宪的目的。”②还有学者认为：“《大纲》关于‘君上大权’的规定，大量抄袭日本《明治宪法》的条文。它所肯定的君主权力，甚至远远超过了《明治宪法》。除了规定皇帝不得以命令废止法律外，基本上与君主专制制度下的皇权相同。”③此外，有学者认为：“从表面上看，这种划分是在皇权之下进行的划分，因为立法、司法、行政这三权之上还有皇权，三权还要受到皇权的‘总揽’，甚至直接掌控。而且三权之间的限制几乎不存在，

---

① 卞修全：《立宪思潮与清末法制改革》，中国社会科学出版社 2003 年版，第 107 页。

② 石柏林：《旧中国宪法五十年——国家权力配置研究》，湖南人民出版社 2008 年版，第 83 页。

③ 张学仁、陈宁生主编：《二十世纪之中国宪政》，武汉大学出版社 2002 年版，第 25 页。

距真正三权分立的要求还非常遥远，但正是在这种简单的划分之下，漫无边际的传统皇权要受到诸多的限制和分割。”①这种认识在有的学者认为是君权的宪法化：“皇帝的尊严体现为受到国民尊重的精神权威，而非天人合一学说。皇帝虽然享有广泛的权力，但是这种权力无论在规范层面还是实质层面都已经不再高度集中于皇帝一人之手。”②还有学者认为，《钦定宪法大纲》所确立的政治形态属于二元君主制政体形态。③ 也有学者认为，《钦定宪法大纲》是对传统专制君权的自我否定。④ 从上述看法来看，既有极端集权的否定，也有三权分立的肯定，还有相对的肯定。这种认识反映了目前对《钦定宪法大纲》君上大权的基本认识。

要准备评价这种形态，必须了解奏折说明，因为奏折正文从整体上分析了所拟附录文件的基本精神。首先，其将立宪政体划分为自上而下和自下而上两种类型。其认为，在“成于上”的国家，宪法由朝廷产生，而不是由议院产生，因中国立宪必须采用钦定宪法，等宪法先行颁布之后再召集议院。其次，君主立宪国的宪法精义是“君主神圣不可侵犯”、“君主总揽统治权，按照宪法行之”以及“臣民按照法律，有应得应尽之权利义务”。最后，君主总揽统治权。其认为，立法、行政和司法都综揽于君上统治之大权。⑤ 从这些分析中可以看出，一是尽管君主集权，但是并非专制；二是君主权威与君主统治权

① 周叶中、江国华主编：《博弈与妥协——晚清预备立宪评论》，武汉大学出版社2010年版，第412页。

② 郭绍敏：《清末立宪与国家建设的困境》，河南人民出版社2010年版，第127页。

③ 曹心宝：《〈钦定宪法大纲〉的法学评析》，载《广西教育学院学报》2005年第2期。

④ 张剑：《〈钦定宪法大纲〉内容解读》，载《河南省政法管理干部学院学报》2007年第5期。

⑤ 《宪政编查馆资政院会奏宪法大纲暨议院法选举法要领及逐年筹备事宜折》，故宫博物院明清档案部编：《清末筹备立宪档案史料》（上册），中华书局1979年版，第55-56页。

的分离；三是三权分立与大权总揽。也就是说，这种权力结构安排既不能视为传统中国君主制，也不能简单地从分权角度来认识，而必须置于其自身的语境之中来认识。

此外，《钦定宪法大纲》并非正式的宪法，加上君上大权条款大多抄袭于日本明治宪法，因此，这种统治权形态显然来自于对天皇统治权的模仿。

三、清末立宪时期统治权形态的演变

《宪法重大信条十九条》的出台，意味着《钦定宪法大纲》所设想的君主总揽统治权形态受到了严峻的挑战。从文本结构上来看，《宪法重大信条十九条》仅仅规定了皇帝与国会（资政院）之间的权力关系，而没有涉及基本权利。这种规定的原因在于其同《钦定宪法大纲》一样均是未来制宪的蓝图。从条款来看，《宪法重大信条十九条》并没有采用“统治权”等概念，这表明清廷试图通过变更统治权问题来缓解武昌起义所带来的政治危机。

对此宪法文件，历来评论不一。以往认为，该宪法文件采用了英国式君主立宪主义，因而与《钦定宪法大纲》相比，具有一定的进步性。一方面，其采用了“虚君共和”思想。“从此项文书，我们可以窥见宣统末年君主立宪党人的‘虚君共和’思想。”①此种认识亦为一些学者所认同。② 另一方面，也有学者认为，该文件表现出“国会优位”的制度特征。③ 此外，有学者认为，“‘十九信条’所体现的这种新型的权力架构关系与中国传统的皇权独揽大权的极权主义权力关系是根本不同的，它在国会、皇帝、内阁三者之间形成了新型的权力分立与制约关系，特别是它关于皇帝、国会和责任内阁之间的相互制

① 王世杰、钱端升：《比较宪法》，中国政法大学出版社 1997 年版，第 351 页。

② 周叶中、江国华主编：《博弈与妥协——晚清预备立宪评论》，武汉大学出版社 2010 年版，第 488 页。

③ 林来梵、凌维慈：《中国立宪主义的起点》，载《社会科学战线》2004 年第 4 期。

衡，是资产阶级三权分立学说的具体体现，是宪政得以实施的重要保证，相对《钦定宪法大纲》而言无疑前进了一大步”。①《宪法重大信条十九条》并没有涉及司法权问题，因此，将其视为三权分立的典范显然存在问题。问题在于，从《钦定宪法大纲》到《宪法重大信条十九条》，原来的君主总揽统治权形态发生了深刻的变化：一是皇帝的立法权被削弱，但仍有命令权。其第 11 条显然并没有否定皇帝的命令权和紧急命令权。二是皇帝的行政权被削弱，但仍有任命权。第 8 条规定，总理大臣和其他国务大臣由皇帝任命。从其表述来看，这种任命权显然是形式上的，而不是实质上的。三是皇帝的军事权被削弱，但是依然存在。第 10 条肯定了陆海军直接由皇帝统率。这就意味着君主统治权尽管受到了国会的制约，但仍然保留着相当的权力。与其说其属于君主立宪主义，还不如说其依然保留着皇帝总揽某些权力的模式。因此，这种形态显然既非以国会为中心的虚君共和体制能够解释，也不同于以内阁为中心的责任内阁制。笔者以为，尽管《宪法重大信条十九条》已经通过所谓的国会(资政院)对君主统治权进行了限制，但是这种限制并不是釜底抽薪的，而是在表面上维持着君主依然是权力中心的形态。这种形态的存在可以从《宪法重大信条十九条》在皇帝和国会之间的先后顺序中可以发现，其在列举相关权力时先描述皇帝权力，然后再附加国会的权力，这种文本结构显然难以说以国会为中心，而更多地以皇帝为中心。

第二节　辛亥革命时期的统治权类型

都督大权制是辛亥武昌起义后出现的第二种统治权类型。从当时人们使用的概念来看，虽然提到了“统治”、“统治权”，但是更多地使用“大权”这个概念。而“都督”这个概念，从历史来看，其并不是清末时期官职称号，而是一个新的称号。“都督”之名称起源于后汉，

① 周叶中、江国华主编：《博弈与妥协——晚清预备立宪评论》，武汉大学出版社 2010 年版，第 497 页。

三国两晋南北朝到唐代时存，此后明代沿用。一般来说，其主要有两种：一是都督中外诸军事，为中央官，权重位赫，不轻予人；二是都督某州军事，为地方官，其权位不及中央的大都督之隆，但也辖境连州。① 在辛亥革命期间所成立的军政府设置都督职位，其显然具有一定的历史深意。② 由于各独立省份军政府成立时间有先有后，因此，都督大权制随着时间的推移有所变化。

一、辛亥革命时期的统治权观念

革命是革命党人提出解决当时问题的基本手段。革命党人也非常频繁地使用许多权力词汇，但总体来看，虽然与“权”有关的词汇很多，但是权力词汇却并不固定。这种现象存在于革命派和立宪派所展开的君主立宪与民主立宪的论争之中。③ 从革命派论争的情况来看，“统治权”、“大权”常常被使用。例如，同盟会会员张钟端提出了建立“平民的政府”，这个政府实行“国会政体”，也就是由一切平民选举议员组成议会，行使统治权，不允许一人或数人专制。④ 又如，孙中山提出反对清廷立宪的理由是：“此时全国的大权都落在人家手里，我们要立宪，也要从人家手里夺来。与其能夺来成立宪国，又何必不夺来成共和国呢?”⑤还有的提到所谓“中土统治权”：“因满人为异族，故当以汉人代满人，则此说尤谬。夫以汉人视满，则满人为异

① 杨鸿年、欧阳鑫：《中国政制史》，武汉大学出版社 2005 年版修订版，第 302-303 页。

② 若联想到当时革命党人反对满清的态度，显然，“都督”一词显然有复汉的色彩，而明代朱元璋推翻元朝统治和革命党人推翻清朝统治具有历史的相似性。此外，孙中山向来比较推崇明太祖朱元璋。

③ 侯宜杰：《二十世纪初中国政治改革风潮：清末立宪运动史》，中国人民大学出版社 2009 年版，第 123-137 页。

④ 鸿飞(张钟端)：《对于要求开设国会者之感喟》，《河南》第 4 期。转引自侯宜杰：《二十世纪初中国政治改革风潮：清末立宪运动史》，中国人民大学出版社 2009 年版，第 130 页。

⑤ 《在东京中国留学生欢迎大会的演说》(一九零五年八月十三日)，《孙中山全集》(第 1 卷)，中华书局 1981 年版，第 281 页。

族；以苗民视汉人，则汉人又为异族。使实行民族主义，在彼满人，固当驱逐。即我汉人，亦当返居帕米尔西境，以返中国于苗民，岂得谓中土统治权，当为汉人所独握？故知民族主义，乃不合公理之最甚者也。”①也就是说，从论战情况来看，革命党常常使用“革命”、“专制”、“立宪”等词，但对权力词汇的使用并不多。

不过，只有了解了革命党人的权力观念，才能了解其所建立的国家权力结构。尽管当时成立的革命党团体很多，但是最有影响的团体显然就是中国同盟会。1906 年，孙中山等人在拟定的《中国同盟会革命方略》提出革命的次序应当分为军法之治、约法之治和宪法之治三期：“第一期为军政府督率国民扫除旧污之时代；第二期为军政府授地方自治权于人民，而自总揽国事之时代；第三期为军政府解除权柄，宪法上国家机关分掌国事之时代。俾我国民循序以进，养成自由平等之资格，中华民国之根本胥于是乎在焉。”②从这一革命方略来看，军法之治和约法之治基本上保持了总揽模式，而只有宪法之治才属于分权模式。从这里我们也可以看出革命党人基本上也是持集权观念。

此外，在这一时期，孙中山逐渐形成了五权分立思想。1906 年 12 月，孙中山在《民报》创刊周年纪念会上第一次提出了五权宪法：“兄弟的意思，将来中华民国的宪法是要创一种新主义，叫做‘五权分立’。”③而当时的五权是指行政权、立法权、裁判权、考选权和纠察权。另外，孙中山所设想的这种权力模式也是在革命之后的宪法时代才会出现。这种先革命后立宪的思路基本上为革命党人所认同。

需要注意的是，同盟会所制定的革命三阶段说对于革命党人影响

① 志达：《保满与排满》，《天义报》第 3 期。转引自侯宜杰著：《二十世纪初中国政治改革风潮：清末立宪运动史》，中国人民大学出版社 2009 年版，第 137 页。

② 《同盟会革命方略》（一九零六年下半年），魏新柏选编：《孙中山著作选编》（上），中华书局 2011 年版，第 110 页。

③ 《在东京〈民报〉创刊周年庆祝大会的演说》（一九零六年十二月二日），《孙中山全集》（第 1 卷），中华书局 1981 年版，第 330 页。

深远。其集中体现在武昌起义后所建立的军政府形式之中。

二、辛亥革命时期的统治权形态

武昌起义之后，先后出现了宣布独立的军政府政权。这些政权在建立初期均公布了政权性文件。这些文件首先确认了军政府这种新型的政权组织名称，其次对军政府的权力结构进行了规定。不过，从这一时期的权力机构安排来看，其基本上采用了所谓的军政府三分的做法，即都督、议会、法司。不过，这种安排并不意味着法司的地位已经上升到一个独立的地位。实际上，人们对当时的权力安排基本上仍然在两者之间，即都督与议会。这一点可以从以下各方面情况看出。

(一)湖北军政府时期的统治权形态

在湖北军政府时期，先后制定有《中华民国军政府暂行条例》、《中华民国鄂军政府改订暂行条例》和《中华民国鄂州临时约法草案》。从这些文件来看，“统治”、“大权”等概念被广泛使用。

1.《中华民国军政府暂行条例》和《中华民国鄂军政府改订暂行条例》中的都督大权制

《中华民国军政府暂行条例》共 24 条，分为都督府、司令部、军务部、参谋部、政事部和附则六章。由于司令部总长由都督兼任，加上军令部、军务部、参谋部和政事部均属于都督府管辖，该条例实际上只规定了都督府内容。而都督的权力则在条例中得以明确。第一，各部均直辖于都督，受都督之指挥命令，执行主管事务。第二，军令、军务、参谋部自下级军官以上，政事部自局长以上，均由都督亲任。第三，各部及各营下级军官由该长官呈请都督札任，各地方行政长官由政事部呈请都督札任。第四，关于军政重要事项，由都督召集临时军事参议会或顾问会，议决施行。第五，都督设置秘书官若干员，由都督自行辟用。军务部总务课员应兼充秘书官。第六，凡发布命令及任免文武各官，均属都督之大权。从这些条款来看，军事和政事均归都督管辖，体现了以都督为权力中心的军政府组织形式。

《中华民国鄂军政府改订暂行条例》共15条，分为总则、组织、权限和附则四章。从组织形式上来看，军政府下设各部，直隶于都督。从都督权力规定来看，比较简单。第一，都督执行军政一切事宜。第二，军政府都督，代表军政府人民，施行职务，除关于战事外，所有发布命令关系人民权利自由者，须由都督召集军事参议会议决施行。第三，军政府恢复土地，所有建设各事宜，暂由都督咨询参议会议决施行。由此可见，都督执掌军政事务，并且具有代表军政府人民的功能。

从这些规定来看，军政府只有都督府，既没有民意机关，也没有司法机关，这种都督大权制集中反映了统治权形态。

2.《中华民国鄂州临时约法草案》中的都督大权制

该草案由宋教仁起草，因此反映了宋教仁的权力观念。其共60条，分为总纲、人民、都督、政务委员、议会、法司和补则七章，开启了后世约法的先例。从条文来看，其第1条和第3条多次提到"统治"，但是这种统治仅是指鄂州政府的统治。这里需要注意的是，和前述军政府仅有都督及其各部构成不同的是，鄂州政府是由都督及其任命的政务委员与议会、法司三部分组成。这种组织结构改变了军政府的形式。但是，从都督权力规定来看，都督依然是权力中心。首先，从都督与议会的关系来看，议会的制约非常有限。都督在议会未开设之前，暂时制定法律。都督对于议会否定法律具有付议会再议一次的权力。议会对于都督发布的代法律的制令只有事后承诺的权力。议会只能对缔结条约有议定权。同时，都督有召集临时议会的权力，并且在议会开会时出席议会或者命令政务委员出席发言。其次，从都督与政务委员的关系来看，政务委员根据都督的任命执行政务，发布命令，负其责任。再次，从政务委员与议会的关系来看，议会虽然对政务委员具有质问、弹劾等权力，但是不得向都督提出质问和弹劾。最后，从都督与法司的关系来看，法司法官是由都督任命的。因此，从表面来看，宋教仁所拟的约法草案将鄂州政府分为都督及其任命之政务委员、议会和法司构成，其似乎具备了所谓的三权分立。例如，有学者认为："鄂州军政府的行政机关是都督和政务委员，立法机关是议会，司法机关是法司；三权分立，行使统治权。”①又如，有学者认为：“《鄂州约法》秉承西方资产阶级宪政理论和经验，第一次明文规定了三权分立的资产阶级共和国政府结构，这是对封建君主专制制度的根本否定。”②但是，这种分立似乎仅限于都督与议会之间的分立，因为政务委员和法司法官均是由都督任命的，而且不需要经过议会的批准。同时，议会除了议决法律可对都督形成一定的制约，但是其并不能弹劾都督，而只能弹劾政务委员。因此，该约法草案依然形成了以都督为中心的政府形式，所谓的三权，似乎也仅限于两权。在都督与议会之间，其依然是以都督为重心的。这种都督大权制虽然不同于前述条例的规定，但是都督总揽政务的形态却是非常清楚的。这种统治权形态显然发生了变形。

(二)上海军政府时期的统治权形态

在上海军政府期间，其公布了《沪军都督府条例》，共 26 条，分为都督府、司令部、参谋部、军务部和附则五章。都督府下设司令部、参谋部和军务部。该条例规定了都督的权力。第一，各部均直辖于都督，受都督之指挥命令，执行主管事务。第二，各部、各科初级将校以上，均由都督亲任；各部及各营初级将校，由该长官呈请都督亲任。第三，凡发布命令及赏罚、任免各部及各营文武人员，均属都督之大权。第四，关于军政重要事件，由都督召集临时军事参议会决议施行。若比较于《中华民国军政府暂行条例》，两者几乎完全相同，而且均使用了“大权”词汇。因此该条例所建立的统治权形态依然是以都督为中心的军政府形式。

(三)江苏军政府时期的统治权形态

在江苏宣布独立期间，先后颁布了《江苏临时议会章程》和《江苏军政府临时约法》。《江苏军政府临时约法》共 18 条，其规定江苏军政府由都督、都督任命的政务委员和省议会组成，而没有规定所谓法

① 邱远猷：《〈鄂州临时约法〉研究》，载《历史教学》2007 年第 3 期。

② 费春：《中国第一部近代宪法——〈鄂州约法〉》，载《现代法学》2001 年第 1 期。

司。尽管该约法起源于宋教仁所起草的鄂州约法草案，但是，《江苏军政府临时约法》只规定了两权。这是非常特殊的一点。同时，第1条提到了“统治”一词。其规定，中华江苏省人民公约，推覆清政府，建立民国，暂于江苏省组织军政府，统辖政务。将来取得之土地，在他省境内者，亦暂受江苏军政府之统治，俟中华民国成立时，另定区划。此外，该约法对都督权力进行了详细列举。第一，都督总揽政务，代表军政府。第二，都督裁可省议会所议定之法律公布之。第三，都督除本约法所载以法律规定之各事项外，又认为增进公益维持公安之必要，或遇非常灾患紧急必要时，得发布同法律之制令。但增进公益维持公安之制令，不得变更他法律；紧急必要时之制令发布后，须提出省议会，经其议定而裁可之。第四，都督得随时召集省议会，并得出席或委员出席发言。从这些条款来看，都督对省议会议定的法律可以裁可公布，并且具有召集省议会的权力，而省议会只能质问和弹劾政务委员。这表明，其属于以都督为中心的军政府形式。

（四）蜀军政府时期的统治权形态

川东重镇重庆起义建立蜀北军政府之后，其颁布了《蜀军政府纲要》，共51条，分为总则、都督、各部之通则、总务处、秘书院、审计院、庶务所、公民大会和附则九章。从其组织形式来看，虽然规定了多个机构，但是都督处于中心地位。第一，都督任军政府总司令处正职。其规定，总司令处总司令长，即以正、副都督任之。同时，各地方司令官，由都督亲任。其地方司令官以下所设各科官长，由司令官遴选，咨该管部长核定，呈请都督委任。第二，总务处、秘书院、审计院和庶务所的领导人员均由都督亲任或委任。第三，都督任命军官。其规定，军官自管带以上，由都督亲任。督队官以下，由军务部呈请都督札任。以外各部长，由都督亲任。第四，都督任命各部、各局和各科人员。其规定，科长由部长遴选，呈请都督核定委任，其他部员，由部长委任。同时，属于行政、财政、交通各部之各局局长，由部长遴选，呈请都督核定委任。此外各局与之相当者，准此。第五，都督任命司法人员。其规定，审判厅长、检查长、庭长，由都督亲任。以下至推事、检查官，由司法部长遴选，呈请都督札任。值得注意的是，都督任命银行人员。其规定，大汉银行正、副办，由都督亲任。以下重要职司，由正、副办遴选，呈请都督札任。从这些规定来看，都督几乎垄断了所有官员的任命权。

此外，都督与公民大会之间的关系是分离的，形成了两权关系。根据规定，都督得随时召集公民大会，议急要事件。同时，公民大会对于都督及各部长诹问，有详确口述之责。可见，公民大会在某种意义上也是以都督为中心的。

所以，从都督的权力规定来看，都督为军政府代表，主持军务和政务。其依然属于以都督为中心的军政府形式。

（五）浙江军政府时期的统治权形态

在浙江省军政府成立后，浙江省临时议会通过了《中华民国浙江省约法》，也称为《浙江军政府临时约法》，共 48 条，分总纲、人民、都督、政务员、议会、法院和附则七章。该约法第 1 条规定，中华民国浙江省人民，以固有之区域，组织军政府统治之。第 4 条规定，凡立于本军政府之统治权下之人民，一律平等。这里提到了“统治”和“统治权”两个词汇。其将军政府的权力称之为统治权。该法仿照《鄂州临时约法草案》，因此在政府组织形式上确立了都督及其政务员、议会和法院三部分。其似乎确立三权分立的架构。例如有学者认为，其“规定浙江军政府实行资产阶级民主共和国制度，按三权分立原则组成军政府”。① 这里需要分析一下其中的关系。从都督与政务员的关系来看，都督委任政务员，政务员襄理都督，承都督之命，执行政务，发布命令。从都督与议会的关系来看，议会有权质问都督和政务员，对都督提出不信任书，对政务员提出弹劾。因此，与江苏临时约法相比，浙江临时约法显然增加了对都督的制约。而从都督与法院的关系来看，法院法官是由都督任用的。从这些条款来看，都督与议会之间虽然有一定的制约关系，但是这种制约显然非常弱，如都督可以要求议会议决法律预算。同时，各司政务员虽然需要议会同意，但是

① 邱远猷：《试析〈浙江军政府临时约法〉》，载《历史教学》2000 年第 5 期。

均需要由都督委任。此外，法院法官也是由都督任用的。因此，整个框架呈现为都督与议会为两级的权力架构。这种形式依然是以都督为中心的军政府形式。

(六)江西军政府时期的统治权形态

在江西军政府成立后，都督发布了《江西省临时约法》，共 60 条，分为总纲、都督、人民、政务委员、议会、法司以及附则七章。该约法第 1 条规定，中华江西省之人民，以江西固有之区域，组织军政府，统辖政务，以推翻清廷，建设中华民国为目的。这里提到了“统辖”词汇。同时，该约法第 5 条提到了“大权”。其规定，都督代表江西军政府，有总揽政务之大权。而从都督、议会和法司的关系来看，其形成了一定的制约关系。首先，从都督与议会关系来看，议会可以提出对都督的质问并要求其答辩。而都督具有复议法律的权力、要求议会追认代替法律之命令的权力、向议会提出法律案和预算案的权力和发言的权力。从其规定来看，议会对都督的制约相当有限。其次，从都督与法司的关系来看，法司法官由都督任命。最后，从都督与政务委员的关系来看，政务委员由都督任命。因此，从上述条文来看，都督显然对议会构成了更大的制约，虽然都督否决法律必须交议会复议一次以及紧急命令必须请求追认，但是这些权力显然不足以制约都督。同时，政务委员和法司也是由都督任命的。尽管议会增加了对都督提出质问并要求答辩的权力，但是并没有弹劾都督的权力。所以，其呈现出以都督为中心的军政府形式。

(七)贵州军政府时期的统治权形态

在贵州宣布独立后，通过了《军政府组织大纲》。该大纲非常简单，共 9 条。不过，有意思的是其将军政府划分为都督、行政总理和枢密院三个部分，其中都督专管军事，行政总理主办民政，而枢密院协赞军事、指导民政。这种权力模式依然呈现出两权模式，不过，其并不是都督与议会之间的两权，而是都督和行政总理之间的两权，也就是将军事和民政划分开来。显然，这是一种独特的两权模式。

(八)广西军政府时期的统治权形态

在广西独立之后，省议会通过《广西临时约法》，并由广西军政府公布。该约法共58条，分总纲、人民、都督、政务司、议会、法院和附则七章。由于广西军政府是由都督及其任命的政务司、议会和法院三者构成，也就有必要分析一下三者之间的关系。从都督与政务司的关系来看，政务司各司长由都督任命。从都督与议会的关系来看，都督具有较大的权力。首先，都督具有要求议会再议权。其规定，都督有提出法律案于议会及公布法律并执行之权。但对于议会议决之法律及其他事件不以为然时，须与政务部各部长连署，于定期内提出理由书，付议会再议，以一次为限。其次，都督有发布代法律之制令的权力。其规定，都督为保持公共安全及避其灾危，视为紧急必要，且在议会闭会中，得与政务各部长全体连署，发布可代法律之制令。但事后须提出于议会。若议会不承诺时，当公布以后此制令失其效力。再次，都督召集临时会议的权力。其规定，都督于法定议会开闭时期外，遇有必要时，得召集临时会议。最后，都督具有发言权。其规定，都督于议会开会时，得莅会或命委员到会发言。但不得加入议决之数。值得注意的是，议会对都督具有一定的制约。其规定，都督任命政务司各司长及高等法院、典试院、法官惩戒院、审计院、行政审判院院长，须得议会之同意。以上各长，若在议会闭会期中，任命时，至下期开会，应求其承诺。同时，议会可以质问都督并求其答辩。而从都督与法院的关系来看，其规定，法院以都督任命之法官组织之。但高等法院长官之任命，须得议会之同意。显然议会也参与到法院法官的任命之中来了，这种做法和前述约法的规定不同。对于这一点，其似乎具备了三权分立的若干特点。例如，有学者认为，《广西临时约法》"与《鄂州临时约法》、《浙江临时约法》、《江西临时约法》、《贵州宪法大纲》一样，采取行政、立法、司法三权分立的资产阶级原则，而不同于《江苏临时约法》规定的行政立法二权分立制"。① 不过，从上述条文来看，尽管议会对某些人事权、立法权、司法权具有一定的制约，但是依然不能撼动都督的地位。因此，其依然呈现出以都督为中心的军政府形式。

① 邱远猷：《〈广西临时约法〉初探》，载《法学家》1996年第6期。

由此可见，尽管宋教仁起草的约法草案开始改变军政府都督府单一的模式，但是其依然是在都督和议会之间考虑政府的权力结构，因此，其仍然属于两权模式。这种模式与君主与国会之间的关系模式没有大的区别，只不过在名词上进行了变更而已。此外，独立各省所建立的形式均是军政府，而军政府具有统治的功能，都督在军政府中具有大权。这种权力结构安排显然类似于《钦定宪法大纲》的基本架构。

第三节　南京临时政府时期的统治权类型

1911 年 12 月 3 日，各省都督代表联合会议议决通过《中华民国临时政府组织大纲》，21 条，包括临时大总统、参议院、行政各部和附则四章。从该条例结构来看，其采用了临时大总统和参议院的双重结构。其中对临时大总统权力进行了规定。第一，临时大总统，有统治全国之权。第二，临时大总统，有统率海陆军之权。第三，临时大总统，得参议院之同意，有宣战、媾和及缔结条约之权。第四，临时大总统，得参议院之同意，有任用各部部长及派遣外交专使之权。第五，临时大总统，得参议院之同意，有设立临时中央审判所之权。此后，1912 年 1 月 2 日《临时政府组织大纲》修正案将原第 5 条进行修改，其规定，临时大总统得制定官制官规，兼任免文武职员。但制定官制官规及任命国务各员及外交专使，须得参议院之同意。从其规定来看，除了统率陆海军之外，临时大总统的权力均受到参议院的同意条件的约束。

显然，《临时政府组织大纲》核心条款是第 2 条，临时大总统具有“统治全国之权”。不过，第 2 条的历史来源似乎是一个谜，因为所有的历史书籍中几乎不谈这个问题。这里做一点探讨。从历史来看，此条规定极像清末《钦定行政纲目》之规定，即“君上有统治国家之大权”。之所以这样立论，原因在于辛亥革命取得成功之后，黎元洪在 11 月就向外界宣扬要按照美国原则建立联邦共和国。而属于湖北集团的孙武则提出：“中央政府应以北美宪法为标准，大总统总握大权，其下设国务卿，不得设内阁总理，承君主立宪之余习”以及

“中央政府之国务卿，由大总统提议会，同此次各省新举之参议员协定”。① 所以，从该条规定来看，其显然有仿照清末立宪有关条款的嫌疑。

从表面上看，该大纲采用总统制，这一点集中体现在《临时约法》的制定过程之中。“《临时政府组织大纲》采总统制，宋教仁曾提一修正案，为责任内阁制，但因大多数人反对甚烈，迄未实现。此次议决之《临时约法》，竟采责任内阁制，并变本加厉，盖所以抑制袁氏。”②从这个说法来看，在对该大纲修正时，宋教仁曾经试图将其按照内阁制的思路进行修改，但是遭到反对。宋教仁的想法最终在临时约法中得以实现。“直言之，则当日政制之由总统制一变为内阁制者，非本于学理之所致，乃由于人事所使然。……制定临时约法之际，以显露袁氏将继任总统的端倪，为防闲袁氏的奸枭，故特将总统制改为内阁制，使袁氏居于虚尊之位，而实权界之于内阁。吾国论政之士，每谓临时约法为‘对人立法’者，盖有其由来。”③由此可见，《临时政府组织大纲》一般被视为总统制。

从目前研究来看，通说认为，《临时政府组织大纲》受美国宪法的影响，因此采用了总统制。例如，徐祥民认为：“《大纲》的制定，受美国宪法的影响，基本上采用了总统制及国家元首与行政首脑合一的制度。”④又如，有学者认为：“它所设计的民主政治架构，就是实

---

① 渤海寿臣：《辛亥革命始末记》(一)，台湾文海出版有限公司 1969 年版，第 246 页。转引自张皓：《中国现代政治制度史》，北京师范大学出版社 2004 年版，第 6 页。孙武的原则基本为《临时政府组织大纲》所接受。“承君主立宪之余习”之说法反映了大纲与清末立宪有关思想有着千丝万缕的联系，因此不可不察之。

② 谢振民编著：《中华民国立法史》，张知本校订，中国政法大学出版社 2000 年版，第 46 页。

③ 罗志渊编著：《近代中国法制演变研究》，正中书局印行 1966 年版，第 338-339 页。

④ 徐祥民等：《中国宪政史》，青岛海洋大学出版社 2002 年版，第 104 页。

行三权分立基础上的总统制。临时大总统为首脑的行政机关、参议院作为一院制的临时立法机关、设立临时裁判所作为司法机关，分别行使行政、立法和司法权并相互制约，但以行政权为主导，赋予大总统以完全的行政权。”①还有学者在评论时认为：“修正大纲虽以三权分立相标榜，实际上三权均操纵在总统一人手中。对于这样的临时政府组织大纲，总统的权力已不亚于封建君主了。”②种种认识似乎停留在三权分立和总统制两个层面。

从该大纲框架来看，其规定了临时大总统和参议院两个机构的权限，而没有单独规定司法机关。这种规定模式显然不同于美国的模式，这说明当时人们在观念上并没有以所谓的三权来认识国家权力的安排。因此，有学者认为，“这无疑是一个‘两权分立’的共和制方案”,③ 也有学者认为其“实则是两权分立”。④ 更有学者认为：“《中华民国临时政府组织大纲》是根据分权和制衡精神，规定了行政、立法两权分立的带有联邦色彩的总统制的政府组织法。”⑤尽管其所成立的体制能否称为共和制尚有疑问，但是其显然是一种二权分立的架构。因此，将其视为一种三权分立的体制是有疑问的。

不过，从“统治全国之权”中的“统治”词汇来看，尽管人们认为其采用了总统制，但是笔者以为，其更像君主立宪中的统治条款。例如《钦定宪法大纲》君上大权第 1 条就规定，大清皇帝统治大清帝国，而《钦定行政纲目》又有“君上有统治国家之大权”的条款。因此，与

① 郭宝平、朱国斌：《探寻宪政之路——从现代化的视角检讨中国 20 世纪上半叶的宪政试验》，山东人民出版社 2005 年版，第 54 页。

② 石柏林：《旧中国宪法五十年——国家权力配置研究》，湖南大学出版社 2008 年版，第 101 页。

③ 王人博：《宪政文化与近代中国》，法律出版社 1997 年版，第 289-290 页。

④ 张学仁、陈宁生主编：《二十世纪之中国宪政》，武汉大学出版社 2002 年版，第 56 页。

⑤ 王中茂：《南京临时政府组织大纲并非主张“三权分立”——与张晋藩先生商榷》，载《大连教育学院学报》1994 年第 2 期。

其将其视为总统制，不如将其视为一种统治权形态更为合理。

第四节　从帝国到民国：统治权的转移

清帝逊位在中国历史上是一件重大的事件，这不仅意味着帝制的消失，而且意味着一个新的开始。然而，围绕着清帝逊位问题在理论上出现了很多争论，其中一个就是如何解释清帝逊位所展开的权力转移问题。

一、清帝逊位与统治权的转移

武昌起义后，为了解决政治危机，清廷颁布了《重大信条十九条》，并由袁世凯组织内阁。当时袁世凯对此认为："现政府为服从人心计，宪法信条，宣誓太庙；国家大权，已归人民之手。"①其后，围绕君宪和民宪问题，最终清廷在各方压力下表示退位。1912 年 2 月 12 日，清廷以摄政王名义下诏退位。其退位诏书曰，"特率皇帝将统治权公诸全国。定为共和立宪国体，近慰海内厌乱望治之心，远协古圣天下为公之义"。② 这个退位诏书中最值得注意的是"皇帝将统治权公诸全国"。从词义来看，"统治权"概念与《钦定宪法大纲》所用概念一样。而从用法来看，其与上述大纲的使用方法并不相同。

二、围绕清帝逊位诏书的统治权争论

清帝逊位之后，从历史来看，其并没有就此结束。1913 年，有贺长雄发表文章《革命时统治权移转之本末》，围绕这一诏书所带来的统治权问题展开了讨论。

有贺长雄首先认为，清帝具有的统治权已经转移至国民全体。这

① 杨幼炯：《近代中国立法史》，范忠信、范晓东、范依畴、胡荣明校勘，中国政法大学出版社 2012 年版，第 38 页。

② 杨幼炯：《近代中国立法史》，范忠信、范晓东、范依畴、胡荣明校勘，中国政法大学出版社 2012 年版，第 39 页。

种做法和美国革命及法国不同。在民国，统治权并没有消灭，只是由于清帝承认，从而国民全体的统治权就产生了。也就是说，中华民国是由于武汉起义而导致清帝转让权利而来的。其次，他认为，中华民国的形成和纯粹的民主政体的形成不同，其必须受到清帝让与统治权条件的约束，这一个条件就是以全权交与袁世凯，并由袁世凯和南方军民协商统一办法，组织共和政体。最后，他认为，清帝退位之后，统治权归属于袁世凯的说法并不正确。因为统治权已经从清帝转移至国民全体，但是国民全体的统治权并不是自己发动，而必须有一定的政治组织才能发动。这个政治组织的全权就集中于袁世凯一人身上。由此可见，有贺长雄认为，中华民国的成立并不是纯粹由民意形成的，而是清帝让与统治权形成的。①

从上述有贺长雄的看法来看，其认为从帝国到民国，并非是推翻清帝而导致统治权的转移，而是清帝转让统治权而来的。这种认识显然与目前中国宪法史的认识存在不一致的地方。通常来说，人们认为中华民国是通过辛亥革命而建立的。这就有必要进一步分析其中的问题。

三、从帝国到民国：统治权转移问题的重新认识

随着中国宪法史研究的深入，从帝国到民国的统治权转移问题开始引起学者的重视。一种观点认为，从帝国到民国实行的是禅让制。有学者指出："在晚清，以孙中山为首的革命派，前仆后继，致力于以武力推翻清朝的专制统治，暴力革命正是促使清帝退位的根本原因，但在君主专制政体向民主共和政体最后过渡与转型之关键时刻，至少在形式上，禅让制似乎发挥了主导作用。借助禅让制，清末的政治人物们不仅让清室在保持基本利益和尊荣的条件下退位，实现了君主专制政体向民主共和政体的重大转型，而且最大限度地减少了政治动荡，避免了大规模内战的危险。一定程度上，以禅让制实现这种历

① 有贺长雄：《革命时统治权移转之本末》，王健编：《西法东渐——外国人与中国法的近代变革》，中国政法大学出版社 2001 年版，第 107-108 页。

史性转变、化解政体危机，是符合当时人心思安、人心思治心理的。"①第二种观点认为，从帝国到民国的转换存在着一个所谓的立宪时刻，而在这个时刻存在着一组宪法性法律。"深入中华帝国肇始之际宪法构造的历史场景之中，我们就会发现，现代中国的宪法创制，并不是由一个宪法文本——《临时约法》体现的。我认为中华民国之宪法，或中华民国创制之'立宪时刻'的宪法，乃是由一组宪法性法律所共同构成的，更准确地说，所谓一组宪法性法律，就是《临时约法》和《清帝逊位诏书》两个宪法或宪法性法律文件，它们作为姊妹篇共同构成了中华民国'立宪时刻'之宪法，它们才是作为民国肇始之立国根基的根本法。"②如何认识这些不同的观点，对于理解统治权问题具有重要意义。

从清帝逊位诏书来看，其将统治权由清帝转移给所谓的共和政体，也就是说所谓的国民全体；同时，其又授予袁世凯承担组织临时共和政府的职责。问题在于清帝如何实现将统治权交给国民全体，难道仅仅凭借一纸诏书就实现了吗？显然，无论是有贺长雄还是现代学者的认识，均拘泥于文本。实际上，即使是所谓的禅让制，其实现仍然有赖于革命的压力，因为在辛亥革命的压力和袁世凯的军事逼宫之下，清帝不得不实行退位。与其说其将统治权让与了国民全体，还不如说这种统治权为袁世凯所获得，因为如果要赋予袁世凯合法组织临时共和政府的权力，就必须要由一个合法的组织来授予他这种权力。而在这期间，国民全体恰恰并不存在这个合法的组织，这就需要了解当时交接统治权的情况。

从当时来看，清帝发布逊位诏书之前，参议院专门讨论了清室优待条件，而在诏书发布之后，参议院曾专门通过接受北方统治权的决议。也就是说，南京临时政府从名义上来说已经获得了对全国的统治

① 黄晓平：《禅让制与传统中国政权危机化解：基于宪法视角的考察》，中国政法大学出版社 2012 年版，第 287 页。

② 高全喜：《立宪时刻：论〈清帝逊位诏书〉》，广西师范大学出版社 2011 年版，第 10 页。

权。而袁世凯被参议院推举为临时大总统，实际上赋予了袁世凯组织政府的权力。因此，从整个过程来看，南京临时政府成立，清帝退位，南方接收北方统治权，完成统一，然后《临时约法》公布，袁世凯就职临时大总统。以《临时约法》为界，统治权才真正移转至新政府手中。也就是说，无论是《临时政府组织大纲》还是《清帝逊位诏书》，其最终均汇聚于《临时约法》；如果有两个传统的话，那么《临时政府组织大纲》属于一个传统，而《清帝逊位诏书》则代表另一个传统，而到《临时约法》时期，这两个传统则汇合在一起，形成一个新的整合。因此，无论是有贺长雄所提出的统治权先由清帝移至国民全体，而国民全体再赋予袁世凯组织政府的权力，还是高全喜所提出的《清帝逊位诏书》和《临时约法》形成了两个传统，均存在一定的问题。因为，清帝将统治权并没有直接移转至国民全体，而是向南京临时政府让与，而《清帝逊位诏书》也并不是与《临时约法》相并行，而是与《临时政府组织大纲》相并行。实际上，如果按照有贺长雄的意思，清帝将统治权转移至国民全体，那么，应该举行全国选举，进行新的宪法制定，再选举临时大总统组织政府，而从当时来看，显然并不是这样做的。而如果按照高全喜教授所提出的两个传统说法，那么，《清帝逊位诏书》所代表的传统似乎应该在《临时约法》之后一直保持才对，但是这个传统似乎在《临时约法》之后并不延续。这两种解释实际上均忽视了当时的做法。

因此，从“统治权”概念来看，从帝国到民国，其不仅否定了南京临时政府所依据的《临时政府组织大纲》，而且也否定清帝统治的合法性，而《临时约法》则成为当时两种不同立场所形成的新传统。正是因为如此，人们常常认为《临时约法》具有临时宪法的性质。

第三章　三权分立时期的统治权类型

所谓三权分立，就是指立法、行政和司法的相互分立。通常认为，《临时约法》体现了资产阶级三权分立的基本原则。尽管这种认识带有很大的片面性，但是本书依然将其作为划分统治权类型变迁的重要分界线。从1912年《临时约法》公布至1927年《国民政府组织法》的修订为止，可以视为中国立宪史上的三权分立时期。在这一时期，权力概念如主权、统治权、大权依然出现，同时，随着制宪活动的展开，立法权、行政权和司法权开始成为认识宪法的重要词汇。与此相适应，各种统治权类型也在这一时期不断出现，成为政府形式的重要组成部分。

第一节　南京临时政府北迁时期的统治权类型

随着清帝逊位，从形式上看，南京临时政府逐渐获得了对全国的统治权。而伴随着南京临时政府的北迁，北京政府正式形成，并以1912年3月11日临时参议院通过的《临时约法》为施政纲领。与《临时政府组织大纲》大纲相比，《临时约法》显然对统治权问题进行了新的变动。这就使临时大总统的地位发生了变化。

一、南京临时政府北迁时期的统治权观念

尽管《临时约法》被视为三权分立的典范，但是从条文来看，其仅仅使用了"主权"、"统治权"和"立法权"词汇，而没有采用"行政权"和"司法权"词汇。而且国务员的地位是辅佐临时大总统，法院法官也是由临时大总统和司法总长分别任命，这说明行政事务和司法事务依然在临时大总统的职责范围之内。所以，将《临时约法》所确立的体制视为一种三权分立体制，实际上是后人的附会之说。

与《临时政府组织大纲》相比，《临时约法》在权力词汇使用上最大的差异就在于“主权”和“统治权”。对于这两个条款的出台，在理论上讨论不多。

从临时参议院议事录来看，其似乎也没有对此进行说明。1912年2月17日特别会议议事日程之一有审查中华民国临时约法案报告。该会议议决第一章的情况如下：第一条，议决原文；第二条议决主权二字下“者为”二字改为“属于”二字；第三条，议决原文；第四条，议决法院二字以下删去改增行使其统治权一句。① 同时，1912年3月初八中华民国临时约法案开第三读会，其中在审议第一章时，提出第4条“中华民国以参议院临时大总统国务员法院行使其统治之权”，议决：“第四条‘之’字写误删去”。② 对此问题，有学者认为，“当时的参议员对其他条文中‘之’字的增删用法，都是非常讲究并十分慎重的”。③ 从这一情况来看，第2条主权条款在起草临时约法时已经出现，第4条统治权条款在起草时并没有出现。问题在于，为什么会将第4条增加统治权概念，从有关记录来看似乎并不清楚。但是根据孙中山先生自己的回忆，其认为临时约法第2条主权条款是由他提议加入的。那么，历史真相到底如何呢？由于临时约法之前政府曾经向临时参议院提交过中华民国临时政府组织法案，但是这一草案为临时参议院所否决。或许从这些材料来看，可以如此推测：中华民国临时政府组织法案中规定有统治权概念，而临时约法起草过程中也有统治权概念，但是在起草过程中孙中山提出加入主权条款，这样临时约法草案既有主权条款，也有统治权条款；但是临时约法的统治权条款有可能与临时大总统部分相关，所以在审议过程中将其移至第4条，从而形成了临时约法的基本结构。不过，从“之”字审议情况来看，前

① 张国福选编：《参议院议事录　参议院议决案汇编》，北京大学出版社1989年版，第50页。

② 张国福选编：《参议院议事录　参议院议决案汇编》，北京大学出版社1989年版，第100页。

③ 张希坡：《革命根据地法制史研究与“史源学”举隅》，中国人民大学出版社2011年版，第292页。

面使用了“统治权”，后来可能改为“统治之权”，最后三读又改为“统治权”。而“统治之权”显然模仿《临时政府组织大纲》的第 2 条规定。

从这个临时约法制定过程来看，主权与统治权概念本身应该如何界定并不是不清楚的。这一点可以从主权条款的修改看出。临时约法草案第 2 条原案可能是“中华民国之主权者为国民全体”。此条后来改为“中华民国之主权属于国民全体”。这一修改使得人们在界定主权和统治权时发生了困惑。其实，如果回到制定过程中，原案的本意显然是指主权者，而不是一种具体的权力，而是强调了一种权威来源。

同时，从《临时约法》第 4 条统治权条款来看，其将参议院、临时大总统、国务员和法院作为统治权的主体，从而改变了《临时政府组织大纲》将临时大总统作为唯一的统治权主体的框架。这种做法显示了《临时约法》对统治权问题的特殊性。

二、南京临时政府北迁时期的统治权形态

1911 年 3 月 11 日公布的《中华民国临时约法》共七章 56 条，分别规定了总纲、人民、参议院、临时大总统和副总统、国务员、法院和附则。从篇章顺序来看，其改变了前面都督、临时大总统置于议会、临时参议院之前的文本结构。虽然该约法奉行责任内阁制，但是却依然赋予临时大总统作为统治权的主体之一。这表明，临时大总统并不是一个虚位的地位。首先，临时大总统具有独立的权力。临时大总统代表临时政府，总揽政务，公布法律。临时大总统，为执行法律，或基于法律之委任，得发布命令，并得使发布之。临时大总统统率全国海陆军队。临时大总统得依法律宣告戒严。临时大总统得制定官制、官规；但须提交参议院议决。临时大总统任免文武职员；但任命国务员及外交大使公使，须得参议院之同意。临时大总统经参议院之同意，得宣战、媾和及缔结条约。临时大总统代表全国，接受外国之大使、公使。临时大总统得提出法律案于参议院。临时大总统得颁给勋章并其他荣典。临时大总统得宣告大赦、特赦、减刑、复权；但大赦须经参议院之同意。其次，临时大总统某些权力受到参议院的约

束。这一点可以从前述临时大总统权力条款上看出，在制定官制官规、任命国务员及外交大使公使、宣战媾和及缔结条约、大赦方面，其要么经过参议院议决，要么经过参议院同意。同时，临时大总统由参议院选举，并由参议院弹劾。这种做法改变了以往临时大总统由人民公举的做法，其集中反映了参议院对临时大总统的约束。所以，从上述条款来看，临时大总统仍然具有一定的实权。这表明，临时大总统虽然不能独享统治权，但是这种统治权事实上仍然存在，只不过其必须在其他机构的参与下才能实现。

三、南京临时政府北迁时期统治权形态的评述

一般来说，人们通常认为《临时约法》实行的是责任内阁制，其意在对总统权力进行限制。对此，有学者认为："'临时约法'关于总统权力配置是突出了权力制约特点的。此种权力配置模式旨在防范总统专权，这对中国民主政制的建设是有重要意义的。"①还有学者认为："《临时约法》的制定者们向通过采用这种三权分立的制度对可能出现的总统个人专断行为进行有效的限制。"②"约法规定的临时大总统是'在其位而不谋其政'的。"③然而，问题在于这些认识实际上忽视了《临时约法》中临时大总统的特殊性，因为，尽管从立法、行政和司法等方面对临时大总统权力进行了限制，但是其并没有完全将临时大总统置于虚位的地位，而是仍然赋予了临时大总统参与行使统治权的权力，显然这种权力不可能是虚权。正因为其不是虚权，因此在实际运作过程中，临时大总统的权力必然在整个权力体系中具有举足轻重的地位。对此，有学者认为："内阁制精神未能成熟展开的反

① 石柏林：《旧中国宪法五十年——国家权力配置研究》，湖南大学出版社 2008 年版，第 109 页。

② 徐祥民等：《中国宪政史》，青岛海洋大学出版社 2002 年版，第 117 页。

③ 张学仁、陈宁生主编：《二十世纪之中国宪政》，武汉大学出版社 2002 年版，第 64 页。

面，就是总统制较为清晰的保留。”①更有学者认为：“《临时约法》中对总统权限的规定，很大程度上延续了该大纲的规定，这就使负实际责任的国务院和总统之间的权限相互交叉。这也为《临时约法》在日后实施中的权力冲突埋下了伏笔。”②也就是说，《临时约法》虽然表面上扩大了参议院的权力，但是临时大总统的权力依然较大，在这种情况下，将其视为所谓的责任内阁制只是一厢情愿而已。正如有学者进一步指出：“《临时约法》的制定者‘因人立法’，为限制袁世凯的权力而将总统制改内阁制。但已经建立的制度，改动起来殊非易事。南京临时参议院的参议员不得不寻求平衡，在赋予内阁行政权力的同时，保留了总统制体制下国家元首享有的若干权力，致使总统府与国务院权限不明，混淆了总统制与责任内阁制的界限，将临时政府规划成了一种二元甚至多元的畸形政治体制。”③还有学者认为：“尽管《临时约法》的制定带有明显的因人立法、因人设制的色彩（为了限制袁世凯这个人搞专制的企图），但从其内容来看，它实际上只是在行政机关内部增设了一个辅佐临时大总统的国务总理，而国务总理的权力比较有限，基本上只是相当于临时大总统的一名助手，临时大总统仍然享有相当大的实质性权力，加之国务总理和各部总长（内阁成员）不对参议院（议会）而对临时大总统负责，因此《临时约法》实际确立的政体应该说是一种兼有总统制和内阁制因素的混合政体。”④这种判断可谓道出了《临时约法》的权力结构事实。

---

① 陈秋云等：《美国宪法对中国近代宪政的影响极其评价》，法律出版社2011年版，第148页。

② 周叶中、江国华主编：《从工具选择到价值认同——民国立宪评论》，武汉大学出版社2010年版，第82页。

③ 杨天宏：《论〈临时约法〉对民国政体的设计规划》，载《近代史研究》1998年第1期。

④ 齐盛：《是内阁制还是总统制》，载《山西高等学校社会科学学报》2004年第5期。

第二节 袁世凯当政时期的统治权类型

一、袁世凯当政时期的统治权观念

在袁世凯就任临时大总统后，伴随着国会制宪活动的展开，以袁世凯为首的政治集团亦试图提出对制宪的基本认识。值得注意的是，袁氏集团所使用的权力词汇也是非常独特的。例如，1913 年 8 月 19 日，政府以宪法研究会制定之宪法草案大纲二十三条，提出于宪法起草委员会，其中第 2 条规定，统治权属之国家；而第 13 条规定，行政最高权委任之于大总统，内阁总理及各部总长辅助之，内阁总理及各部总长皆为国务员。① 这里使用了“统治权”和“行政最高权”。其显然否定主权概念，同时肯定统治权在国家的观念。又如，袁世凯在提出增修临时约法案遭拒绝后，1913 年 10 月 25 日，袁世凯通电黎元洪和各省军民长官，其电文提到行政权问题：“国务员随时可以推翻，行政权全在众议院少数人之手，直成为国会专制矣”，“总其流弊，将使行政一部，仅为国会附属品，直是消灭行政独立之权。”②11 月 4 日，袁世凯又发支电。各省长官收到两电后，对宪法草案提出了意见。如，10 月 29 日，江苏都督张勋、江淮宣抚使冯国璋、江苏民政长韩国钧联名致电袁世凯：“宪法起草为国民党人所主张，剥夺行政权已尽。”③10 月 30 日，江苏都督张勋通电云：“宪法草案，系国民党人所主持。有贺长雄云二权分立，行政权剥夺已尽，临时政府该党孙、黄等捣乱未能进行”；“今宪法草案，该党主张奇谬，破坏三

---

① 杨幼炯：《近代中国立法史》，范忠信、范晓东、范依畴、胡荣明校勘，中国政法大学出版社 2012 年版，第 81-82 页。

② 杨幼炯：《近代中国立法史》，范忠信、范晓东、范依畴、胡荣明校勘，中国政法大学出版社 2012 年版，第 106-107 页。

③ 杨幼炯：《近代中国立法史》，范忠信、范晓东、范依畴、胡荣明校勘，中国政法大学出版社 2012 年版，第 109 页。

权鼎立原则，纵大总统含容，国民之痛苦甚大”。① 从这些争论来看，其对行政权之关注显然较为集中。最后，1914 年 3 月 24 日，袁世凯提出增修约法大纲，其中，第 1 条提到，外交大权，绝对归统于总统。② 显然，袁氏集团的侧重点显然在于行政权。最有意思的是，袁氏集团指责国民党实行二权分立，破坏三权鼎立原则。

而反袁集团则认为袁世凯大权独揽。例如，1915 年 12 月 25 日，唐继尧等在云南宣布讨袁，称“中华民国护国军”，并发布声讨帝制檄文。其中提到“方谓当今内难已平，大权独揽，列强多事，边患稍纾”。③

从上述用法来看，袁氏集团认为统治权属于国家，而大总统必须行使行政权；而反袁集团则认为这种做法属于大权独揽。这说明不同政治势力对权力认识的不同判断。

二、袁世凯当政时期的统治权形态

1914 年 5 月 1 日，袁世凯公布约法会议通过的《中华民国约法》，从而修改了《临时约法》。其共 68 条，分国家、人民、大总统、立法、行政、司法、参政院、会计、制定宪法程序和附则十章。《中华民国约法》与《临时约法》一样，既采用了“主权”词汇，也采用了“统治权”词汇。其第 2 条规定，中华民国之主权，本于国民之全体。而第 14 条规定，大总统为国之元首，总揽统治权。与《临时约法》不同的是，统治权条款由《临时约法》第一章总纲移至第三章大总统部分。该条款集中体现了《中华民国约法》的性质。同时，该约法对大总统权力进行了详细的规定，共 19 条。从其规定来看，大总统在解散立法院、教令、变更领土或增加人民负担条款上须受到参政院或者立法

① 杨幼炯：《近代中国立法史》，范忠信、范晓东、范依畴、胡荣明校勘，中国政法大学出版社 2012 年版，第 109-110 页。

② 杨幼炯：《近代中国立法史》，范忠信、范晓东、范依畴、胡荣明校勘，中国政法大学出版社 2012 年版，第 123 页。

③ 杨幼炯：《近代中国立法史》，范忠信、范晓东、范依畴、胡荣明校勘，中国政法大学出版社 2012 年版，第 139 页。

院的约束，其他权力均属于大总统独立行使的范围。因此，这就有必要分析一下大总统和其他国家机构之间的关系。从大总统与立法院的关系来看，立法院有权向大总统提出建议、要求大总统答复甚至弹劾大总统，但是立法院的权力受到了很大的制约，如大总统有权不答复，有权延长会期并在闭会期内召集临时会，有权不公布立法院议决的法律等。最重要的是，在立法院成立之前，以参政院代行其职权，而参政院的职责是应大总统之咨询，审议重要政务。此外，该约法没有使用参议院、议会、议院等民意机关的名称，而使用了立法院的名称，使得立法院的民意色彩大为减弱。其次，从大总统与行政之间的关系来看，行政以大总统为首长，由国务卿一人赞襄之。因此，大总统是行政首脑，而国务卿仅是助手，而没有独立的法律地位。最后，从大总统与司法的关系来看，法院法官是由大总统任命的。此外，从制宪程序来看，大总统有权向国民会议提出中华民国宪法案，有权召集并解散国民会议以及公布中华民国宪法。这说明，大总统无论是在立法、行政、司法还是在制宪过程中均居于中心地位，从而形成了一种特殊的权力结构。在某种意义上说，恢复了两权分立时期君上大权制和都督大权制。一方面，大总统具有元首权威，因为“大总统已不由人民选举，则所谓对人民负责者，当然为纸上空言，绝不能发生效力。故事实上总统不对任何一方负责”。① 另一方面，大总统总揽统治权，其广泛涉及立法、行政、军事和司法权力。因此，有学者认为：“新约法把早已实际不再存在的责任内阁制连名义也扫除了，而以元首直接控制行政，行政权力远出于立法权力之上，使袁世凯实际上总揽了一切大权。”②可见，在这种权力类型下，总统犹如君主，既享有权威，又拥有实权，可视之为君权在特殊历史条件下的“变态”。对此，有学者评论道：“大总统总揽统治权，统率全国陆海军，独握宣战媾和大权，并有发布命令及与法律有同等效力之教令等权，则仿

① 陈茹玄：《增订中国宪法史》，文海出版社 1986 年版，第 73 页。

② 钱实甫：《北洋政府时期的政治制度》(上册)，中华书局 1984 年版，第 71 页。

日制者也。"①

第三节　国会制宪时期的统治权类型

随着国会的召开，民国时期第一次制宪活动渐次展开。有意思的是，"主权"、"统治权"概念成为制宪需要解决的一大问题。与此相对应的是，围绕着临时大总统在宪法中的地位，展开了激烈的争论。

一、国会制宪时期的统治权观念

围绕着国会制宪，"主权"、"统治权"、"立法权"、"行政权"和"司法权"等权力概念频繁地被使用。不过，这些概念的用法在当时人们中却存在很大的分歧。其中，对于"统治权"是否有必要规定在宪法之中也是众说纷纭。其大致有四种看法。

（一）肯定"主权"，否定"统治权"

这种认识一方面认为"主权"和"统治权"容易混淆，因此只采用"主权"；另一方面，主张主权在国家，而不是主权在民。

梁启超所拟的中华民国宪法草案第 1 条规定，中华民国永远定为统一共和国，其主权以本宪法所定之各机关行之。梁启超对"主权"和"统治权"作了说明。对于前者，其认为："临时约法第 2 条，采主权在民说，与国家性质不相容。无论何种国体，主权皆在国家，久成定说，无俟喋引。国体之异，则在行使国家主权之机关，有单复专共之异耳。本宪法所规定各机关，即所以表共和之实也。"②对于后者，其认为："临时约法第 4 条，规定以参议院等机关行使民国之统治权。所谓统治权者，与该约法第 2 条所谓主权，是否同物，殊不明

① 陈茹玄：《增订中国宪法史》，文海出版社 1986 年版，第 69 页。

② 夏新华等：《近代中国宪政历程：史料荟萃》，中国政法大学出版社 2004 年版，第 251 页。

了。今不采用，使名号归一，观念不淆。”①由此可见，梁启超持主权在国家的观念，从而否定主权在民学说，并认为主权和统治权容易混淆，因此只采用主权概念。至于其如何认识这两个概念，并没有进一步讨论。此外，梁启超在宪法草案中仅使用了“司法权”。

王宠惠所拟的宪法草案也对“主权”和“统治权”两个概念予以说明。第2条规定，中华民国之主权属于国民全体。其对此说明：“此条确定主权之所在，与约法第二条同。共和国之主权，当然属于国民全体。民国既为共和国，则此条本可不必加入。但主权在国民，乃共和国体最要之原理，不妨特为规定，使国民晓然于共和之所以为共和，全在此点。智利（第3条）及墨西哥宪法（第39条）均有此种规定，实本此意也（比国虽非共和国，然其宪法第25条亦与此相类）。”②其在说明第4条时提到将《临时约法》第4条删除的缘由：“本草案将约法第4条删去。其原文曰，‘中华民国以参议院、临时大总统、国务员、法院行使其统治权’云云。夫统治权与主权有无区别，学者聚讼纷纷，莫衷一是。甲云统治权即主权，乙云统治权非主权。由甲说则约法第4条与第2条（即本草案第2条）不无抵触。同一物也，而前后名称互异，于法律之解释，似觉不妥。（清帝退位谕旨所称统治权，即指主权而言）由乙说则统治权与主权，究以何者为区别，迄今尚无定论（见德国梅雅氏所著《德国国法学》第一章第一节）。若是则此种含有歧义之名词诚不宜见诸宪法。”③从这些说明来看，王宠惠显然认为国外常用主权，而且德国学者对“统治权”和“主权”之间的区分并不清楚。对于王宠惠的论点，时人也提出了看法：《临时约法》“又如误用统治权一语，遂生主权、统治权之大争论，迄今未

① 夏新华等：《近代中国宪政历程：史料荟萃》，中国政法大学出版社2004年版，第251页。

② 夏新华等：《近代中国宪政历程：史料荟萃》，中国政法大学出版社2004年版，第290页。

③ 夏新华等：《近代中国宪政历程：史料荟萃》，中国政法大学出版社2004年版，第290-291页。

已”。① 此外，王宠惠的宪法草案一并使用了“立法权”、“行政权”、“司法权”等词，体现了三权分立的观念。

康有为所拟的宪法草案则采用“主权”，而没有使用“统治权”。其专列一章主权，第2条规定，主权在国。其行用主权，由宪法分委之于行政、立法、司法者。该宪法草案还使用了“行政之权”、“立法权”、“最高权”、“司法权”等词。显然，康有为认为，主权分为行政、立法和司法三种权力。

王登义所拟的中华民国宪法草案则采用“主权”。其第2条规定，中华民国所有之主权，以本宪法所定之各机关行使之。王登义还对此进行注释：“本条原为学理的规定，实属无甚意味，惟我国专制甫脱，民气嚣张，规定此条，或可稍制抑不学者之误会。”②此外，该宪法草案仅用“司法权”一词。

吴贯因所拟的民国宪法草案也只采用“主权”。其第2条规定，中华民国之主权在于国家。主权之行使，委诸由本宪法设立各机关。吴贯因对此作了说明：“主权在元首说，与主权在民说，皆大反乎学理。惟主权在国家之说，颠扑不破，今殆为全世界学者所公认，此旨吾向既尝论之。至于主权之所在，稽诸各国，有规定于宪法中者，有不规定于宪法中者。其在民智发达之国，就令不规定于宪法中，而主权在国家之原理，亦为一般人所了解。若中国现在之民智，则不足以语此。且主权在民之谬说，今尚未全消灭，故本条规定在于国家，以防其弊。或曰，主权之性质，唯一而不可分，今规定分寄于各机关，得毋与唯一不可分之原理相背乎？曰主权之本质，固不可分割，专属于国家之自身。而主权之行使，由国家分委之于其所设立各机关，实为国家应有之权能，于唯一不可分之原理无碍也。”③其显然否定主权

① 夏新华等：《近代中国宪政历程：史料荟萃》，中国政法大学出版社2004年版，第310页。

② 夏新华等：《近代中国宪政历程：史料荟萃》，中国政法大学出版社2004年版，第355页。

③ 夏新华等：《近代中国宪政历程：史料荟萃》，中国政法大学出版社2004年版，第363页。

在元首说和主权在民说，而主张主权在国家说。此外，该宪法草案也仅用“司法权”一词。

彭世躬所拟的民国宪法草案也采用“主权”。其第 1 条规定，中华民国永远定为共和国，主权属于国家。不过，其提到了“统治”概念。第 2 条规定，中华民国以前清所统治之二十二行省、内外蒙古、西藏、青海为领土。此外，该宪法草案仅用“司法权”一词。

从上述宪法草案来看，有的宪法草案明确了主权归属，要么属于国民全体，要么属于国家。而有的宪法草案则不说明主权归属，而是直接将主权赋予各国家机关。当然，有的宪法草案均采用“立法权”、“行政权”和“司法权”，有的宪法草案只采用了个别词汇。

(二)肯定统治权，否定主权

何震彝所拟的宪法草案则采用“统治权”，而不采用“主权”。第 2 条规定，中华民国以现有领土统治之，非以法律，不得变更。第 3 条规定，中华民国以国家为统治权主体。第 4 条规定，中华民国统治权，以立法、行政、司法各机关行使之。第 90 条规定，各地方行政区之统治权，由中央政府委托行政官行使之。第 96 条规定，蒙古、西藏、青海之行政，由中央政府委任长官，得便宜制定条例统治之。这些条文使用了“统治”和“统治权”词汇。此外，该宪法草案还使用了“立法权”、“行政权”、“司法权”等词。

席聘臣所拟的宪法草案也采用这种态度。其第 1 条规定，中华民国以国为统治权之主体。第 2 条规定，中华民国继承共和，宣布以前之领土而统治之。第 4 条规定，中华民国之统治权，以立法、行政、司法各机关行使之。第 77 条规定，各地方之统治权，由中央赋予之。第 79 条规定，各地方因统治及自治，得制定规则，发布命令，但不得与法律相抵触。这里也同样使用了“统治”和“统治权”概念。此外，该宪法草案也使用了“立法权”、“行政权”和“司法权”等词。

从上述宪法草案来看，其不仅采用“统治权”，而且也使用了“立法权”、“行政权”和“司法权”，显然，前者包括了后面三种权力。

(三)肯定主权，也肯定统治权

这种观点认为，主权和统治权不同。这种做法显然延续了《临时约法》的做法。例如，姜廷荣所拟的宪法草案既采用“主权”，也采用“统治权”。其第4条规定，中华民国之主权，属于国民全体。第5条，中华民国之统治权，以国会、大总统、国务员、法院行使之。此外，该宪法草案也采用“立法权”、“行政权”等词。显然，该宪法草案区分了主权和统治权两个概念。

（四）否定主权，也否定统治权

这种做法既不主张用主权，也不主张用统治权。例如，李庆芳所拟的宪法草案既不采用“主权”，也不采用“统治权”，而仅仅规定领土问题。此外，该宪法草案仅使用“司法权”一词。又如，汪荣宝所拟的宪法草案也既不采用“主权”，也不采用“统治权”，而仅仅规定中华民国一章。此外，该宪法草案仅使用了“司法权”一词。再如，古德诺所拟的中华民国宪法草案既不采用“主权”，也不采用“统治权”。不过，该宪法草案采用了“立法权”、“行政权”、“司法权”等词。此外，巴鲁所拟的中华民国宪法草案也是如此，不过，其采用了“统治”一词。其第1条规定，中华国籍，所有五族人民壹，是以现今宪法统治之，无差别。此外，该宪法草案使用了“立法权”、“行政权”等词。最后，毕葛德所拟的中华民国宪法草案既没有采用“主权”，也没有采用“统治权”。不过其对于为什么不使用“主权”条款进行了说明：“据‘临时约法’第2条，‘中华民国之主权，属于国民全体’。但此条可不必加入宪法中，因宣布共和，即含有主权属于国民之意矣。共和者，即国民统有主权之谓，此盖世界所公认者也。”①不过，该宪法草案使用了“立法权”、“行政权”和“司法权”等词。从其用法来看，宪法草案直接规定各机关，并根据需要使用三种权力词汇。

从上述观念来看，有关权力概念的使用方式在不同学者所拟的宪法草案中非常不同，在这一时期，“立法权”、“行政权”和“司法权”词汇频繁在宪法草案中出现，反映了三权分立观念为当时人们所熟

① 夏新华等：《近代中国宪政历程：史料荟萃》，中国政法大学出版社2004年版，第408页。

知。不过，其依然存在一定的差异。同时，“统治权”的用法不再是以往的用法，而只讨论其与主权的差异。从当时人们的看法来看，其主要在于两个问题：一是两个词汇的差异；二是统治权或者主权的主体问题。就前一个问题而言，很多人认为两者无差别，并倾向于使用主权；而就后一个问题而言，一般来说讨论主权归属问题较多，而不再讨论统治权的归属问题，而主权归属有三个：主权在民、主权在君还是主权在国家。这些问题显然提醒我们注意这一阶段的统治权观念始终和主权观念联系在一起。

二、国会制宪时期的统治权形态

上述“主权”和“统治权”概念之争最终影响了国会立宪的选择。1913 年 10 月 31 日国会宪法起草委员会拟定的《中华民国宪法案》既没有采用“主权”，也没有采用“统治权”，该宪法案自行采用了“立法权”、“行政权”和“司法权”。到 1916 年，宪法起草委员会才提出“主权”概念，即中华民国主权属于民国全体。不过，1919 年 8 月 12 日，宪法委员会议决的《中华民国宪法草案》依然没有规定“主权”条款。1922 年国会恢复后，宪法起草委员会于 12 月 23 日提出了国权章草案。该章第 1 条规定，中华民国之国权，属于国家事项，依本宪法之规定行使之；属于地方事项，依本宪法及各省宪法之规定行使之。而 1923 年 10 月 10 日通过的《中华民国宪法》不仅有“主权”，而且有“国权”。其第 2 条规定，中华民国主权，属于国民全体。第 22 条规定，中华民国之国权，属于国家事项，依本宪法之规定行使之；属于地方事项，依本宪法及各省自治法之规定行使之。值得注意的是，该宪法规定有“立法权”、“行政权”、“司法权”等词。这说明国会一度试图舍弃“主权”和“统治权”两个概念，但是最终还是采用主权，而否定了统治权。那么，这一时期是否存在统治权形态呢？从天坛宪草到 1923 年《中华民国宪法》的出台经历了漫长的历史过程，因此，从宪法文本来看似乎并没有类似于前述的统治权形态存在，但是从立宪过程来看，这种统治权形态却呈现出新的形态。

（一）《天坛宪草》中的统治权形态

1913年的《天坛宪草》虽然没有确立类似袁记约法那样的大总统总揽统治权的形态，但是却呈现出国会总揽统治权的形态。对此，目前研究认为《天坛宪草》出现了过分强调国会立法权的倾向。有作者认为："从国会的权力和其所受到的制约可以看出，国会处于权力的中心位置，在国家中处于超强地位，组织了一种立法权优越过度的内阁制。"①又如，有作者认为："天坛宪草着重于以国会和内阁制衡总统的权力模式设计，试图尽量削弱总统权力，强化总统违法责任，十分鲜明地体现出了议会权力至上的原则。"②这种国会优位的制度设计正是体现了一种特殊的统治权形态。不过，这种统治权形态的权力顶点是国会，而不是大总统。

（二）《天坛宪草》统治权形态的演变

1923年《中华民国宪法》是这一时期国会制宪的最终成果。从文本来看，该宪法摒弃了《临时政府组织大纲》、《临时约法》和《中华民国约法》将临时大总统或大总统与统治权相联系的做法，而将"行政权"赋予了大总统，并规定了大总统的权力。其规定，中华民国之行政权，由大总统以国务员之赞襄行之。这里使用了"赞襄"一词，反映了大总统与国务员之间的特殊关系。从表面上看，大总统受国会制约较多，如国会议员选举大总统、国会弹劾和审判大总统等，但是，大总统对国会依然具有一定的约束，这种约束表现在大总统权力具有相当的广泛性。第一，大总统公布法律，并监督确保其执行。第二，大总统为执行法律或依法律之委任，得发布命令。第三，大总统任免文武官吏；但宪法及法律有特别规定者，依其规定。第四，大总统为民国陆海军大元帅，统帅海陆军。海陆军之编制，以法律定之。第五，大总统对于外国为民国之代表。第六，大总统经国会之同意，得

① 蒋银华、李云霖：《论〈天坛宪草〉的国家权力配置》，载《时代法学》2007年第3期。

② 乔利民：《论〈天坛宪草〉对域外宪政文化的借鉴》，载《湘潭师范学院学报》2009年第1期。

宣战；但防御外国攻击时，得于宣战后请求国会追认。第七，大总统缔结条约；但媾和及关系立法事项之条约，非经国会同意，不生效力。第八，大总统依法律得宣告戒严；但国会认为无戒严之必要时，应即为解严之宣告。第九，大总统经最高法院之同意，得宣告免刑、减刑及复权；但对于弹劾事件之判决，非经参议院同意，不得为复权之宣告。除了在某些事项上国会有同意追认权、最高法院同意或者法律规定等约束之外，大总统几乎可以便宜从事。此外，在大总统和国会发生冲突时，大总统可以停止众议院或参议院之会议，也可以解散众议院。所以，从上述条款来看，尽管大总统受到国会的众多制约，但是大总统依然具有一定的实权，在形式上依然保持着类似《临时约法》临时大总统的权力。也就是说，虽然从文本来看，“统治权”不再，但存在“行政权”，这种变化并不意味着该宪法完全实行所谓的责任内阁制。在某种意义上来说，其在某些方面已经改变了《天坛宪草》的国会优位的制度设计。

三、国会制宪时期统治权形态的评述

从《天坛宪草》夭折到 1923 年《中华民国宪法》的出台，其间屡经挫折，因此，如何评价这一时期的权力结构成为理论上必须解决的问题。目前研究集中在 1923 年《中华民国宪法》中的大总统权力问题，很多学者提出了一些新的看法。例如有学者认为：“宪法仍赋予了总统很大的权力。”①还有学者认为：“1923 年宪法对总统权力的配置模式同样也是总统制与内阁制模式的一种融合。总统既有类似于总统制下的国家元首之权，如法律公布权、军队统帅权、条约缔结权等，又有类似于内阁制下的国家元首之权，如解散议会权、国会休会权等。此种权力配置模式是以总统作为国家中央机关的权力平衡因素，既不使国会议员专权的现象发生，也不至于在国会与国务院发生权力冲突没有解决纷争的机制。同时，因有‘中华民国之行政权，由大总统以

① 张晋藩：《中国宪法史》，吉林人民出版社、人民出版社 2011 年版，第 246 页。

国务员之赞襄行之’的制约，总统自身要形成专权模式也是不可能的。总之，1923 年宪法规定的总统，既不虚位，但也绝不是至高无上的，与‘天坛宪草’相似，却无法与袁世凯‘约法’中的超级总统制相提并论。”①不过也有学者提出了异议：“在关于大总统的规定中，以国会对总统形成表面制衡。但是它师承袁记约法，规定了大总统总揽民国的行政权并为陆海军大元帅，大总统有权‘停止众议院或参议院之会议’，并有权解散众议院，这就从法律制度上确认了行政专横，压倒了议会民主。”②对此，在理论上如何认识则成为问题。其实，从文本上就可以看出，尽管国会对大总统权力作了很多限制，但是国会的制约依然有限。同时，尽管国务员对大总统的权力具有一定的制约，但是这种制约并不会有效，因为国务员只起到“赞襄”的作用，行政权在名义上依然属于大总统，而不是大总统和国务员共同行使。因此，在某种意义上来说，这种行政权依然具有统治权形态的影子。

第四节　帝制复辟时期的统治权类型

进入民国之后，出现了两次帝制复辟，一次为袁世凯称帝，第二次为张勋复辟。由于前一次帝制复辟过程中虽然启动起草帝制宪法，但是因复辟失败而未能成功。而后一次也失败了。从中我们或许可以看到这一时期的统治权形态。

一、袁世凯称帝时期的统治权类型

袁世凯称帝后，其在政治体制上采用了君主制。这一点可以从政事堂组织令中发现。该组织令的修改要点为：第一，设“国务卿一

① 石柏林：《旧中国宪法五十年——国家权力配置研究》，湖南大学出版社 2008 年版，第 182-183 页。

② 陈秋云等：《美国宪法对中国近代宪政的影响及其评价》，法律出版社 2011 年版，第 152 页。

人”改为“赞襄大皇帝政务”句中加“负其责任”四字；第二，“大总统发布之命令，国务卿副署之”改为“大皇帝发布之命令，由政事堂奉行钤记，国务员副署”。① 其实际上恢复了君上大权制。

二、清帝复辟时期的统治权类型

1917 年 7 月 1 日，张勋等人宣布复辟。随后，清帝发布上谕，其中提到：“辛亥变起，我孝定皇后至深仁爱，不忍生民涂炭，毅然以祖宗创垂之重，亿兆生灵之命，付托前阁臣袁世凯，设临时政府。推让政权，公诸天下，冀以息政弭乱，民得安居”；“朕不敢以天下存亡之大责，轻任于微渺之躬。又不忍以一姓祸福之誓言，遂置亿兆生灵于不顾。权衡轻重，天人交通，不得已允如所奏。于宣统九年五月十三日临朝听政，收回大权，与民更始。”②这里使用了“大权”词汇。也就是说，前面清帝逊位，将统治权转移给袁世凯，而现在则将大权收回。这种观念也反映了君上大权制的色彩。

由此可见，这种君上大权制试图恢复君权，但是在当时已经无法得到社会认同，难以有效实施。

第五节 段祺瑞当政时期的统治权类型

1924 年直奉二次战争后，直系势力为奉系和冯玉祥所推翻，吴佩孚在南方组织护宪军政府，通电与北京政府宣布独立。随后，张作霖、冯玉祥、卢永祥等推段祺瑞为临时总执政。1924 年 11 月 24 日，通过《中华民国临时政府制》，共 6 条，只对临时执政作了详细规定。第一，中华民国临时政府以临时执政总揽军民政务统率海陆军。第二，临时执政对于外国为中华民国之代表。第三，临时执政府设置国

① 杨幼炯：《近代中国立法史》，范忠信、范晓东、范依畴、胡荣明校勘，中国政法大学出版社 2012 年版，第 138 页。

② 杨幼炯：《近代中国立法史》，范忠信、范晓东、范依畴、胡荣明校勘，中国政法大学出版社 2012 年版，第 158 页。

务员赞襄临时执政处理国务。临时政府之命令及关于国务之文书由国务员副署。第四，临时执政命国务员分长外交、内务、财政、陆军、海军、司法、教育、农商、交通各部。第五，临时执政召集国务员开国务会议。从上述条文来看，虽然其只是指一种过渡时期的政府组织形式，但其使用了“总揽”一词，表明了这种政府形式具有集权色彩。

对于这种临时执政制，从其来源来看，其既不同于以往的总统制，也不同于当时南方国民党人所主张的苏联式委员会制，而是一种特殊的政府形式。对此，有学者明确指出：“新的政府形式曾一度酝酿过委员制，段祺瑞势力以其相似苏维埃而加以反对，采取了临时执政的名义，既可区别于委员制，又有利于实际政治的运用。换个名称，便集总统与总理两者的大权于一身，而且别无监督机关（国会）的存在了。”①也有学者认为：“临时执政的实权，就是把原来的总统与国务总理合二为一，完全是一种独裁制度。”②还有学者认为：“从权力配置的角度上看，临时执政的权力是很大的，它犹如美国的总统制；从临时执政不受民意机关的牵掣来看，其又相当于君主独裁制。所以，临时政府制实质上是配置设定的一种由临时执政进行个人专制独裁的整体。”③还有学者分析到：“临时执政就是国家元首，由于段祺瑞执政前段不设总理，临时执政也是名实相副的行政首脑。尽管1925年的改制增设了国务院由总理主持国务会议及与其他国务员副署临时执政的命令和有关国务文书，但是总理等国务员均由临时执政任免，实质上总理在行政上无法制衡临时执政。临时政府不设监督机关，凡立法、行政、海陆军权，均集于执政一人之身。其国务会议实际上具有总统、内阁、国会三个机关的权力，可操纵一切国务。临时

---

① 钱实甫：《北洋政府时期的政治制度》（上册），中华书局1984年版，第72页。

② 张学仁、陈宁生主编：《二十世纪之中国宪政》，武汉大学出版社2002年版，第116页。

③ 石柏林：《旧中国宪法五十年——国家权力配置研究》，湖南人民出版社2008年版，第193页。

执政体制成为典型的独裁体制。”①这些认识基本上将临时执政制等同于君主专制独裁制。虽然这样说可能存在偏颇，但是其的确反映了临时执政具有极大的权力，已经不需要所谓约法、宪法的修饰了。

第六节　军政府时期的统治权类型

随着段祺瑞临时政府的倒台，奉系军阀张作霖控制了北京政府。1927 年 6 月 18 日公布的《军政府组织令》，共 7 条。军政府设置了陆海军大元帅和国务员，而国务员包括国务总理、外交总长、军事总长、内务总长、财政总长、司法总长、教育总长、实业总长、农工总长和交通总长。其既没有独立的立法机关，也没有独立的司法机关。更为重要的是，其对军政府的元首陆海军大元帅的权力作了非常特殊的规定。第一，陆海军大元帅，统率中华民国陆海军。第二，大元帅于军政时期，代表中华民国行使统治权，保障全国人民法律上应享有之权利。该组织令明确了“统治权”词汇，这种做法不能不让人联想到民国初期“统治权”的使用方式。其也反映了一种特殊的统治权形态。对此，有学者指出：“军政府之外没有任何性质的所谓代议机关或民意机关的形式，大元帅不对任何机关负责。就其实际意义来说，这是一种军事独裁制度。”②有的学者通过与总统制相比较认为：“第一，从形式上看，总统制下的国家元首称为‘总统’；而安国军政府体制下的首脑称为‘大元帅’，是一种军事首脑的称呼。第二，从产生方式上看，总统制框架下的总统一般由代议机构选举产生，袁世凯通过武力胁迫、曹锟通过黑金贿选当选总统，是总统产生方式的异态，即使在这种异态情况下，总统毕竟还是通过国会的选举产生；而安国军政府大元帅于总统不同，不是由选举产生，而是由军阀协商、

---

① 董洪亮：《民国前期总统制度研究(1912—1928)》，大象出版社 2012 年版，第 160 页。

② 钱实甫：《北洋政府时期的政治制度》(上册)，中华书局 1984 年版，第 75 页。

推举产生。第三，总统制框架下有国会作为立法机构和民意机关存在，总统要受议会的制衡与监督，其权力受到一定的限制；而军政府体制下，没有与军政府平行的任何形式的代议机构或者民意机关，没有国会或者类似机构与其相互制衡，大元帅集军政大权于一身，不需要对任何机构负责。安国军政府体制是典型的独裁体制，而且在政府之前冠以'军'字，也清楚地表明这种独裁是以军事实力为基础的，是军事性质的独裁。"①甚至有的学者认为："大元帅府制，是北洋军阀末代统治者以其真实面目进行公开的彻头彻尾的独裁统治的一种权力配置体制，其实质与封建君主专制制度相似，它完全抛弃了民主宪政的伪装。"②这种看法显然说明了这种体制的本质。

第七节　南方政权时期的统治权类型

进入民国时期，随着反袁斗争的展开，南北呈现对立之势。此后，袁世凯称帝失败而亡，中国进入军阀割据时代。除了北京政府频繁的政权更迭和屡断屡起的制宪活动，南方也开始建立不同类型的政权。在这些政权中，统治权形态各异。

一、南方政权时期的统治权观念

这一时期，1912 年至 1927 年，南方先后经历了二次革命、护国战争、护法运动、联省自治运动和国民党改组，从而建立了一系列政权。在这些政权建立期间，有关权力词汇依然频繁出现。不过，与北京政府相比，"统治权"词汇的用法并不常见。但是，这并不表明其并不关心这一问题。实际上，南方政权时期依然对"统治权"、"主权"、"权力"、"政权"等词汇运用较为广泛。这一点可以从这一时期

① 董洪亮：《民国前期总统制度研究（1912—1928）》，大象出版社 2012 年版，第 163-164 页。

② 石柏林：《旧中国宪法五十年——国家权力配置研究》，湖南人民出版社 2008 年版，第 199 页。

的国民党重要人物孙中山的思想中看到。

从这一时期来看，虽然主权在民屡屡被强调，但是人们已经很少使用“主权”概念。而只在对外场合使用。例如，1924 年 1 月，孙中山改组国民党，并召开了第一次全国代表大会，会议通过《中国国民党政纲》。其中在对外政策部分提到了“主权”概念。其一，一切不平等条约，如外人租界地，领事裁判权，外人管理关税权，以及外人在中国境内行使一切政治的权力侵害中国主权者，皆当取消；重订双方平等互尊主权之条约。其二，凡自愿放弃一切特权之国家及愿废止破坏中国主权之条约者，中国皆将认为最惠国。其三，中国与列强所订其他条约有损中国之利益者，须重新审定，务以不害双方主权为原则。从这些内容来看，“主权”概念似乎仅用于国际关系之中。

同时，“统治权”概念的使用也并不多，不过依然存在。例如，1912 年 8 月 13 日公布的《国民党宣言》中提到：“今夫国家之所以成立，盖不外乎国民之合成心力。其统治国家之权力，与夫左右此统治权力之人，亦恒存乎国民合成心力之主宰而纲维之。其在君主专制国，国民合成心力趋重于一阶级、一部分，故左右统治权力者，常为阀族、为官僚。其在共和立宪国，国民合成心力普遍于全部，故左右统治权力者，常为多数之国民。诚以共和立宪国者，法律上国家之主权在国民全体，实事上统治国家之机关，均由国民之意思构成之，国民为国家之主人翁，固不得不起而负此维持国家之则，间接以维持国民自身之安宁幸福也。”①“虽在共和立宪国，其直接发动其合成心力之作用，而实际左右其统治权力者，亦恒在优秀特出之少数国民。在法律上，则由此少数优秀特出者，组织为议会与政府，以代表全部之国民。在实事上，则由此少数优秀特出者集合为政党，以领导全部之国民。而法律上之议会与政府，又不过藉法力，俾其意思与行为，为正式有效之器械，其真能发纵指示为代议机关或政府之脑海者，则仍为实事上之政党也。是故政党在共和立宪国，实可谓为直接发动其合

① 孟庆鹏编，《孙中山文集》，团结出版社 1997 年版，第 348-349 页。

成心力作用之主体，亦可谓为实际左右其统治权力之机关。"①这里显然将君主专制国和共和立宪国的统治权力主体进行了分析。又如，1924年4月12日，孙中山手书的《建国大纲》第24条规定，宪法颁布之后，中央统治权，则归于国民大会行使之，即国民大会，对于中央政府官员，有选举权、有罢免权；对于中央法律，有创制权、有复决权。这里明确提到了"中央统治权"。从整体来看，这一时期"统治权"词汇的运用很少。

值得注意的是，与"主权"和"统治权"相区别的一个权力词汇"政权"开始被频繁使用。例如，国民党一大宣言提出："至于既取得政权树立政府之时，为制止国内反革命运动，及各国帝国主义压制吾国民众胜利之阴谋，芟除实行国民党主义之一切障碍，更应以党为掌握政权之中枢。盖惟有组织、有权威之党，乃为革命的民众之本据，能为全国人民尽此忠实之义务故耳。"不过，在孙中山的思想中，"政权"词汇有多种用法，其一方面被用来指称一个政府，另一方面被用来指称民权的形式。

从总体来看，在孙中山构想的权力体系中，"主权"和"统治权"的使用频率并不高，而"政权"则在孙中山的三民主义和五权宪法构想中常常出现。有意思的是，1922年夏，叶夏声奉孙中山之命曾起草五权宪法案。其中既采用了"主权"概念，也采用了"统治权"概念。其第1条规定，中华民国由中华民国国籍之人民，基于民族、民权、民生主义，建设直接民主共和国统治之。第2条规定，中华民国之主权，属于国民全体。第5条规定，中华民国由国民大会组织之考试院、立法院、行政院、司法院、监察院行使其统治权。同时，该宪法草案也采用了"考试权"、"立法权"、"行政权"、"司法权"、"监察权"等词。从其宪法框架来看，其基本上沿袭了三权鼎立时期流行的宪法草案结构。此外，在南方政权时期，"立法权"、"行政权"、"司法权"等词汇的使用虽然存在，但是也并不常见。这可能与南方政权的短暂有很大的关系。

---

① 孟庆鹏编，《孙中山文集》，团结出版社1997年版，第349页。

二、南方政权时期的统治权形态

(一)护国战争时期的统治权形态

1916年5月18日，护国军政府第四号宣言公布《护国军政府军务院组织条例》。该条例共10条。该军务院设有抚军、政务委员会和各省代表会，分别代表行使军务、政务和咨询职责。这一权力架构显然是非常特殊的，因为各省代表会并非是民意机关，而是咨询机关。而更为重要的是大总统的地位。第一，军务院直隶大总统，统一筹办全国之军机，并行战事及善后一切之政务。第二，大总统不能亲临军务院所在地时，一切军政民政并对内对外之事项以军务院名义行之。有学者认为："军务院即是特殊时期的全国最高军政、民政机关，遥奉合法大总统，代行国务院和陆海军大元帅的职权。军务院是非常性质的，在法律上当然没有直接的根据，但在精神上力求符合《临时约法》的意旨，固《宣言》一再引述二年九月国会所订《大总统选举法》的规定。"①而"军务院是护国军的最高机关，其构想几完全出自任公一人。"②其反映了梁启超的思想。不过，从军务院的权力结构来看，其综合了军政和民政，反映了一种独特的权力结构。对此，梁启超自己也认为其实行的是"开明专制"的合议制政府形式。③ 而所谓开明专制，就是其并不将权力集中于一人之手，而是集中于军务院各抚军之手。其在本质上依然是一种集权制度。

(二)第一次护法运动时期的统治权形态

1917年8月31日国会非常会议通过公布《中华民国军政府组织大纲》，共13条。军政府设有元帅府和各部，分别负责军务和政务。这里需要注意的是大元帅的法律地位。首先，军政府设大元帅一人，

---

① 钱实甫：《北洋政府时期的政治制度》(下册)，中华书局1984年版，第447页。

② 张朋园：《梁启超与民国政治》，吉林出版集团有限责任公司2007年版，第68页。

③ 张朋园：《梁启超与民国政治》，吉林出版集团有限责任公司2007年版，第69页。

元帅二人，由国会非常会议分次选举之，以得票过投票总数之半者为当选。其次，规定了大元帅的权力。第一，临时约法之效力未完全恢复以前，中华民国之行政权由大元帅行之。第二，大元帅对外代表中华民国。第三，大元帅有事故不能视事时，由首次选出之元帅代行其职权。第四，元帅协助大元帅筹商政务，元帅得兼其他职务。从这些条款来看，大元帅有两项特殊权力：一是行使行政权；二是代表中华民国。之所以采用“行政权”，显然考虑到国会非常会议这个角色。但是这里的“行政权”显然具有全权的色彩。对此，有学者认为“大元帅的地位是国家元首的身份，故对外代表国家。大元帅行使行政权，直接统辖各部，即是兼为行政首长。从这个意义来说，是总统制的原则而非内阁制的原则。”①

不过，上述大纲于 1918 年 5 月 18 日得以修改，其中最大的变动就是将“行政权”赋予军政府，而不是大总统。其规定，中华民国军政府以护法各省各军之联合为基础，于国会大总统之职权不能行使期内，依本大纲之规定，行使中华民国之行政权。同时，军政府废除大元帅和元帅的设置，而采用政务总裁制。其规定，军政府以由国会非常会议所选出之政务总裁七人组织政务会议，行使其职权。同时，政务会议以政务总裁一人为主席，由政务会议推定之。从上述条款来看，显然其改变了原条例大元帅行使行政权的制度，而改为军政府集体行使的制度。其意在削弱大总统的权力。不过，这并不是说，这种权力结构不再集权，实际上采取了一种集体集权的军政府形式。

（三）第二次护法运动时期的统治权形态

1921 年 4 月 17 日，非常国会通过《中华民国政府组织大纲》，共 7 条。该大纲只规定了大总统和各部的内容，其中对大总统权力进行了详细规定。第一，中华民国大总统依本大纲之规定行使其职权。第二，大总统由国会非常会议选举之，以得票过投票总数之半者为当选。第三，大总统总揽政务，公布法令，统率陆海军。第四，大总统

① 钱实甫：《北洋政府时期的政治制度》（下册），中华书局 1984 年版，第 451 页。

对外代表中华民国。第五，中华民国政府设置各部，掌理部务。部长由大总统任免之。从上述条款来看，其采用大总统总揽政务的制度，其仍然是一种集权制类型。此外，该组织大纲是在前面的《军政府组织大纲》修改而来的，实际上改变了军政府集体领导的制度安排。

（四）大本营时期的统治权形态

1922年1月16日，以陆海军大元帅令形式公布了《大本营条例》，共15条。该条例明确了大本营和大本营各机关的设置，其中详细规定了陆海军大元帅的职权。第一，陆海军大元帅于战时执行最高统帅事务，设置大本营。第二，陆军总长、海军总长、参谋总长、大本营文定长，承大元帅之命，综理所主管各事宜。从这两个条款来看，由于其定性为战时，陆海军大元帅显然具有最高统帅权。对此，有学者在评述大元帅大本营体制时指出："大元帅大本营的组织和职权本是非常性的，故有许多特点。第一，大元帅不由国会产生，故不对'民意'机关负责。第二，大元帅具有极大的权力：处理一切重要政务，指挥、调度各军，任免重要官吏，决定政府机关的设置或裁并，公布条例、发布命令等。第三，另设司法机关，这是历来所没有的。"①也有学者认为："大元帅大本营体制是一种独裁性质的体制，与民国早期的总统制明显不同。"②这种体制显然可以称之为大元帅集权制。

（五）国民党改组时期的统治权形态

1924年，中国国民党改组。虽然国民党"一大"议决了组织政府案，但是，在孙中山在世时并没有实行国民政府制，而依然实行大元帅制。不过，孙中山在《关于组织国民政府的说明》中指出了实行以党治国的方向。一方面，其指出要模仿俄国，"俄国完全以党治国，比英、美、法之政党，握权更进一步；我们现在并无国可治，只可说

① 钱实甫：《北洋政府时期的政治制度》（下册），中华书局1984年版，第456页。

② 董洪亮：《民国前期总统制度研究（1912—1928）》，大象出版社2012年版，第171页。

以党建国。待国建好，再去治他。当俄革命时，用独裁政治，诸事均一切不顾，只求革命成功”。① 另一方面他认为，以党治国就是把党放在国上，“俄之革命，事实上实是三民主义。其能成功，即因其将党放在国上。我以为今日是一大纪念日，应重新组织，把党放在国上”。② 1925 年，孙中山逝世后，中国国民党中央执行委员会决定废弃大元帅制，而设立国民政府。1925 年 7 月 1 日，《国民政府组织法》公布，共 10 条。从其规定来看，其分为中国国民党、国民政府和各部三个层级，其中，各部仅有军事、外交和财政三个部。显然，其范围包括了军务和政务。此外，既没有立法机关，也没有司法机关的存在。该组织法的基本精神体现在第 1 条，即国民政府受中国国民党之指导及监督掌理全国政务。通常来说，此条明确了“党治”原则。从权力结构来看，“这个组织法，对于国民政府的权限，毫无明确的规定，亦无一语涉及司法、立法等权的分立。所以，国民政府在形式上俨成一个立法、行政、司法等权的综合体”。③ 而“这种一权主义的综合体，正是显示了军政时期实行军事专制集权统治的特征（此即为孙中山所指的军法统治的含义所在）”。④ 显然，这种权力结构也是实行高度集权的体制。

不过，从宪法史来看，尽管存在着党治的色彩，但是国民政府制通常被认为是一种积极的政府形式。有作者认为：“国民政府基本上依照孙中山生前确定的原则组成，它是一种新式的民主共和政府的雏形。”⑤然而，撇开意识形态的迷障，我们其实不妨将国民政府制视为一种区别于以往政府形式的集权制。事实上，孙中山自己也不否认以

---

① 孟庆鹏编：《孙中山文集》，团结出版社 1997 年版，第 393 页。

② 孟庆鹏编：《孙中山文集》，团结出版社 1997 年版，第 393 页。

③ 王世杰、钱端升：《比较宪法》，中国政法大学出版社 1997 年版，第 398 页。

④ 石柏林：《旧中国宪法五十年——国家权力配置研究》，湖南人民出版社 2008 年版，第 250 页。

⑤ 张学仁、陈宁生主编：《二十世纪之中国宪政》，武汉大学出版社 2002 年版，第 144 页。

党治国本质上是一种独裁统治。此外，这种国民政府制无论是武汉国民政府时期还是南京国民政府时期均未有实质上的改变，只是在内部结构形式上根据形势需要进行了调整而已。

第四章　五权分立时期的统治权类型

所谓五权分立，是指将国家权力区分为立法权、行政权、司法权、考试权和监察权。这一设想是由孙中山提出来的。但是，孙中山生前并没有实施此种模式，即使在孙中山改组国民党之后，广州国民政府和武汉国民政府时期也没有实行。五权制在政治实践中的实现是从国民党建立南京国民政府之后才开始实施的。1928 年 10 月 3 日，中国国民党中央执行委员会第 172 次常务会议决议，并于 10 月 8 日国民政府公布《中华民国国民政府组织法》，从此将五院制从孙中山的设想变成为现实的政治架构。此后直至 1949 年国民党政权的覆亡，可以称之为五权分立时期。

第一节　军政时期的统治权类型

所谓军政时期，一般是从 1925 年北伐战争开始的，到 1928 年张学良东北易帜。在这一时期，由于北伐战争的渐次展开，国民政府也逐渐经历了武汉国民政府和南京国民政府并存到合流的过程。在这一短暂的过程中，统治权形态出现了一些新的变化。

一、军政时期的统治权观念

军政时期，权力概念的词汇使用并不频繁。而“统治”一词在这一时期也常被使用。例如，国民党二届三中全会于 1927 年 3 月 16 日发布的《对全国人民宣言》中提到：“国民政府统治区域内的一切反革命势力、反动派、买办、大地主、绅士、安福、交通、研究、外交各系，正在设法牵制国民政府的政策，使不得行，并用全力破坏革命的根据地。”①这里

① 荣孟源主编，孙彩霞编辑：《中国国民党历次代表大会及中央全会资料》，光明日报出版社 1985 年版，第 305 页。

提到了“国民政府统治区域”一词。又如，二届三中全会于 1927 年 3 月 17 日在《统一外交决议案》中提到：“在国民政府统治下之地区，所有外交人员，均由外交部直接任免，地方政府及军事长官，不得再有任免交涉员之事。”①这里提到了“国民政府统治”一词。再如，二届三中全会于 1927 年 3 月 10 日通过的《中央执行委员会军事委员会组织大纲》第 1 条规定，军事委员会设立之目的，在巩固国民政府统治下之疆域，扑灭国内反革命武力，以谋全国统一。并筹划国防，使不受帝国主义者对中国军事进攻之危害。② 这里也使用了“国民政府统治”一词。这些用词表明，国民政府当时已经获得了一定的地域控制权。

二、军政时期的统治权形态

军政时期的宪法性文件显然是《国民政府组织法》。在这一时期，《国民政府组织法》经过了两次修改：一是武汉国民政府 1927 年 3 月 30 日公布的《修正中华民国国民政府组织法》；二是国民政府于 1928 年 2 月 11 日公布的《中华民国国民政府组织法》。其均规定了中国国民党中央执行委员会的权力，即国民政府受中国国民党中央执行委员会之指导及监督，掌理全国政务。从这一规定来看，国民政府具有掌理全国政务的权力。

这两个组织法代表了向五院制过渡之前的形态。前一个组织法分为三个层级：第一层级为中国国民党中央执行委员会；第二层级为国民政府；第三层级为国民政府各部及其他机关，其中各部有财政、外交、交通、司法、教育、劳工、农政、实业、卫生等部，其他机关则未明确规定。在这个层级体系中，并不存在通常意义上的立法机关和司法机关。而后一个组织法依然延续了前一个组织法中的层级体系。

① 荣孟源主编，孙彩霞编辑：《中国国民党历次代表大会及中央全会资料》，光明日报出版社 1985 年版，第 320 页。

② 荣孟源主编，孙彩霞编辑：《中国国民党历次代表大会及中央全会资料》，光明日报出版社 1985 年版，第 321 页。

不过，第三层级开始增加，如各部有内政、外交、财政、交通、司法、农矿、工商等部，其他机关有最高法院、监察院、考试院、大学院、审计院、法制局、建设委员会、军事委员会、蒙藏委员会、侨务委员会。其既规定了监察机关，也规定了司法机关，但是立法机关尚没有列入其中。与1925年《国民政府组织法》相比较，这两个组织法将原来的国民政府中国国民党指导和监督改为中国国民党中央执行委员会指导和监督，反映了其强调党权的观念，不过，这种改变并没有改变国民政府统治的形态。

第二节　训政时期的统治权类型

所谓训政时期，是指1928年至1947年国民政府时期。1928年，中国国民党决定从军政时期进入训政时期，并采用五院制。在这一时期，尽管伴随着抗日战争、国共谈判等重大事件，但是从法律上看，其始终处于训政状态。

一、训政时期的统治权观念

围绕着训政时期所展开的讨论中涉及了许多权力词汇，包括"政权"、"治权"、"统治权"、"主权"等。不过，由于孙中山三民主义和五权宪法理论的影响，国民党在宣布进入训政时期以后开始以孙中山的理论作为行动指南，从而使有关权力词汇的用法更为丰富。

（一）1928年10月3日《训政纲领》和《国民政府组织法》时期的统治权观念

1928年10月3日，中国国民党二届中央第172次常务会议决议，宣布军政时期结束，进入训政时期。由于《训政纲领》涉及政权、治权概念，因此，有必要分析一下这一时期的权力概念。从整体来看，这一时期尚未采用"主权"和"统治权"概念，而是使用了"政权"和"治权"概念。这两个概念是孙中山在民权主义中所使用的概念。在孙中山的民权主义思想中，"政权"并不是指国家权力，而是指四种民权，也就是选举权、罢免权、创制权和复决权。孙中山认为："政是众人之事，集合众人之事的大力量，便叫做政权；政权就可以说是民权。”①孙中山认为：“要把这个大权完全交到人民的手内，要人民有充分的政权可以直接去管理国事。”②而“人民要怎么样管理政府，就是实行选举权、罢免权、创制权和复决权”。③ 而在这一时期，政权的用法基本上是指四种民权。而在孙中山的五权宪法中，立法、行政、司法、监察、考试是五种治权。孙中山认为：“治是管理众人之事，集合管理众人之事的大力量，便叫做治权；治权就可以说是政府权。”④而且“要把这个大权完全交到政府的机关之内，要政府有很大的力量治理全国事务”。⑤ “政府要怎么样替人民做工夫，就是实行行政权、立法权、司法权、考试权和监察权。”⑥因此，政权和治权具有特定的含义。

从这一时期国民党决议来看，其基本上沿用了孙中山的政权和治权概念。1928 年 3 月 27 日国民党第三次全国代表大会通过《对于政治报告之决议案》，其中提到：“过去十七年间，本党经历军政时期，负建国大责，其主要指革命工作，为扫除政治上之军阀官僚及社会上之一切障碍。今后本党入于训政时期，受治国之重托，其主要任务则在一方面赓续军政时期已成之绪业，使军阀官僚永无再起之日；一方面萃全国之治入于一党，以实行治法于全国。而其进行之方针，则为于中央必须建设治权所赖以付托之政府；于地方必须培养政权所赖以行使之国民。盖以总理遗教所在，治权必须备具五权之组织，政权必须完成四权之使用，两者毕具，然后国家主权始能真实属于国民全体，而中华民国完满之建设，乃克底于成。”⑦从这里可以看出，国民

① 孟庆鹏编：《孙中山文集》，团结出版社 1997 年版，第 221 页。

② 孟庆鹏编：《孙中山文集》，团结出版社 1997 年版，第 223 页。

③ 孟庆鹏编：《孙中山文集》，团结出版社 1997 年版，第 228 页。

④ 孟庆鹏编：《孙中山文集》，团结出版社 1997 年版，第 221 页。

⑤ 孟庆鹏编：《孙中山文集》，团结出版社 1997 年版，第 223 页。

⑥ 孟庆鹏编：《孙中山文集》，团结出版社 1997 年版，第 228 页。

⑦ 荣孟源主编，孙彩霞编辑：《中国国民党历次代表大会及中央全会资料》，光明日报出版社 1985 年版，第 636-637 页。

党认为在中央层面将治权交给政府，在地方层面培养政权，才能最终实现国家主权属于国民全体。

此外，国民党仍然在使用“统治权”概念。1928年3月21日国民党第三次全国代表大会通过《根据总理教义编制过去一切党之法令规章以成一贯系统；确定总理主要遗教为训政时期中华民国最高根本法案》，其中提到：“中华民国之创造，以迄于建设之完成，其所赖以为努力者，事实上皆为总理所领导之中国国民党；其所恃以为努力之步骤，乃为总理所定不可逾越之军政、训政、宪政三大程序；其所据以为此三大程序中一切典章制度之源泉，乃为总理所垂示之遗教。因此之故，中华民国之统治权，系由国民参加于总理所领导之中国国民党，依照革命建设之程序，实行总理之遗教，而蕲求其全部之实现之一伟大的使命所产生。此伟大的事实，即为总理以‘国民造党，以党建国，待国建成，而后治之’之要义。”①这里将中华民国的统治权的来源归属于国民党。这种用法彰显出统治权观念。

有意思的是，这一时期虽然提到国家主权属于国民全体，但是“主权在民”观念的讨论并不多。一方面可能与孙中山思想有关，因为孙中山思想体系并不是由主权在民这个基础开始的，而是采用了民权这个概念，而民权概念与主权在民观念有一定的距离；另一方面也说明，主权问题在这个时期不再是问题了。

（二）约法斗争时期的统治权观念

1930年7月13日，以汪精卫为首的改组派，以邹鲁、谢持为首的西山会议派，以阎锡山为首的晋军和以冯玉祥为首的西北军等，联合反蒋，在北京怀仁堂召开成立中国国民党中央党部扩大会议，其试图组织国民政府，与蒋介石南京政权相对抗。在这一时期，有关“政权”、“大权”、“军权”、“中央集权”、“权力”等词汇开始频繁出现。这些词汇在扩大会议的决议中屡屡出现。例如，1930年7月13日，扩大会议成立宣言提出：“乃蒋中正背叛党义，篡窃政权。本党组织

① 荣孟源主编，孙彩霞编辑：《中国国民党历次代表大会及中央全会资料》，光明日报出版社1985年版，第654-655页。

为民主集中制度，蒋则变为个人独裁，伪三次代表大会指派圈定之代表数在百分之八十以上。本党目的在扶植民主政治，蒋则托名训政以行专制，人民公私权利剥夺无余，甚至生命财产自由一无保障，以致党既不党，国亦不国。”①又如，1930 年 8 月 7 日《扩大会议宣言》指出：“蒋号称训政，于今三年，而约法一字亦未颁布。以人民权利而论，私权公权剥夺无余。不但政治机关不能参与，即民众团体亦横遭压迫；而个人之生命财产自由更无复保障。以国家机关而论，号称提前成立五院，实则大权集于一人。所谓五院，不过以之位置闲曹，供其颐指。凡此种种，与训政大纲训政之意旨完全违背。”②“总理遗教以党治国，观察中国之现状，以规定政治之方针，其权属之党部，执行党部之决议，其权属之政府。权限关系，至为分明。自蒋怀个人独裁之野心，曲学者流，遂倡为党军政三位一体之说，以迎合其意。于是军权高于一切，而党政日以混淆。而其在南京所谓中央党部、国民政府，皆同虚设。”③还有，1930 年 10 月 27 日《约法宣言》还提及：“本党总理规定革命进行之时期为三：第一军政时期，第二训政时期，第三宪政时期。既于同盟会宣言明白宣布第二期为约法之治，凡军政府对于人民之权利义务及人民对于政府之权利义务，悉规定于约法。复于《孙文学说》第六章郑重说明训政时期须颁布约法，以之规定人民之权利义务与革命政府之统治权。诚以由军政跻进于宪政，其间不可无一时期以训练民众行使政权。而当此时期苟无根本大法以规定政府与人民之关系，则政府必流于专制，而民主政治终末由养成。故约法与训政实相为表里，无约法不足以言训政也。”④从上述决议来

① 荣孟源主编，孙彩霞编辑：《中国国民党历次代表大会及中央全会资料》，光明日报出版社 1985 年版，第 839 页。

② 荣孟源主编，孙彩霞编辑：《中国国民党历次代表大会及中央全会资料》，光明日报出版社 1985 年版，第 844-845 页。

③ 荣孟源主编，孙彩霞编辑：《中国国民党历次代表大会及中央全会资料》，光明日报出版社 1985 年版，第 846 页。

④ 荣孟源主编，孙彩霞编辑：《中国国民党历次代表大会及中央全会资料》，光明日报出版社 1985 年版，第 848 页。

看，其主要关注蒋介石的独裁问题，强调了训政时期要制定约法，实行以党治国。

而1930年11月12日至18日所召开的中国国民党三届四中全会则开始讨论召开国民会议，制定约法问题。11月15日三届中央执行委员会全体会议通过《召开国民会议案》，该案原文提到“本党遵奉总理遗教，负民国建国之重任，民国人民应行使之政权，由本党代理而行使之，以期保育民国之健全发育，而不为专制余孽之所毒害。在训政开始之时，一切建国根本问题，应与国民共约，乃得齐一全国国民之心志，集中全国国民之能力，以立民有、民治、民享之基，而明本党执政时期之责任，次国民会议所以亟应召集也。”①1931年2月28日，因胡汉民反对由国民会议制定约法，被蒋介石软禁于汤山。此后，1931年广州成立的中央执监委员非常会议，开始成立国民政府，形成宁粤分裂局面。其中提到民国以来的历史时指出：“窃维民国肇造，于今二十年矣，中间内乱频仍，殆无宁岁。究其乱源，厥有二端：其一迷信武力统一；其二迷信中央集权。自袁世凯以至蒋中正，如出一辙。惟其迷信武力统一，故袁世凯于中华民国成立之后，而有癸丑之战，以召丙辰之覆亡；蒋中正于中国国民党北伐告成之后，而有十八年以来之战，以召今日之崩溃。惟其迷信中央集权，故袁世凯时代所定之约法，其主要精神惟知集一切权力于中央，因即集一切权力于大总统一人；蒋中正尤而效之，十七年来，号称训政开始，而于地方自治，漫不措意，使民主政治无所凭借。对于中央权力，惟恐其不重，对于地方权力，惟恐其不轻，徒知便其个人独裁，曾不为地大民众之中国设想。”②其将蒋介石和袁世凯相提并论。而5月1日和2日，蒋介石在南京召开第三届中央第一次临时全会，筹备召开国民会议，制定约法事项。其《中华民国训政时期约法草案案》的常务委员

① 荣孟源主编，孙彩霞编辑：《中国国民党历次代表大会及中央全会资料》，光明日报出版社1985年版，第917页。

② 荣孟源主编，孙彩霞编辑：《中国国民党历次代表大会及中央全会资料》，光明日报出版社1985年版，第970-971页。

会说明指出："常务委员会以召集国民会议应于三民主义之训政范围以内确立本党与全国人民共同遵守之约法，俾树长治久安之宏规。"①由此可见，其当时围绕着约法所展开的斗争主要涉及国民党不同派别的斗争。

从这些讨论来看，"统治权"在这一时期属于革命政府，也就是国民政府，而政权概念则有两种：一是指政府权力，二是指直接民权。而治权概念则属于中央政府。此外，在约法斗争过程中，"主权"概念虽然提到，但是并不重要。

(三)《训政时期约法》时期的统治权观念

《训政时期约法》使用了"主权"、"政权"、"治权"和"统治权"等权力概念。不过，当时国民党在实际使用这些权力词汇时却有一种独特的观念。

尽管约法将主权在民纳入其中，但是国民党在使用"主权"概念时却往往运用于国际关系中。例如，蒋介石在国民党"四大"开幕式演说词中提到："在国难临头的时期，横暴的日本时时刻刻来压迫我们，东三省的土地、主权和行政几乎完全在日本军力蹂躏之下。"②又如，国民党"四大"于1931年11月14日通过的《对全世界宣言》中指出："中国国民党第四次全国代表大会对于日本违反国际公法、国联盟约、非战公约与华盛顿九国条约，破坏国际和平，肆意侵犯中国主权独立及领土行政完整制严重情况，认为不仅中国存亡所关，亦为世界人类安危所系。"③也就是说，主权词汇主要用于中日关系之中。

同时为了应对训政的批评，国民党"四大"在《对于第三节中央执监委员会党务报告之决议案》中指出："总理称训政时期为约法之治，而于遗言中又有开国民会议之昭示，故召集国民会议及制定约法，实

① 荣孟源主编，孙彩霞编辑：《中国国民党历次代表大会及中央全会资料》，光明日报出版社1985年版，第944-945页。

② 荣孟源主编，孙彩霞编辑：《中国国民党历次代表大会及中央全会资料》(下册)，光明日报出版社1985年版，第26页。

③ 荣孟源主编，孙彩霞编辑：《中国国民党历次代表大会及中央全会资料》(下册)，光明日报出版社1985年版，第31页。

为开始训政之基本条件。盖本党以党训政之主张，自与所谓开明专制者殊科。训政时期中党与政府之任务与职权必须有根本大法为依据，亦必须以根本大法为制限，绝非漫无制裁之所谓最高权力者科比。且训政之目的原在扶植民治，而民治之第一要义在乎人民生存上必需之基本权利有所保障。总理举约法之内容于人民之权利及革命政府之职权言之綦切，即此意也。然约法之产生如由本党片面公布，则诚恐于人民之所期望或有不相适合之点，且亦与民治国家根本法制之原则相背驰，故约法必须由国民之公意以成立，实无容疑。且本党在训政时期之政权乃根据于约法，而约法乃由于民定，如此然后本党之政权方为国民之所自行委托，而非类于帝制自为者，故于训政开始之初召集国民会议，由国民会议以制定约法，由约法赋予本党以政权，其理自顺，其事不得不然也。"①同时，上述决议指出："据训政时期约法，本党全国代表大会及中央执行委员会均为行使中华民国统治权之机关。全国代表大会既不能时常开会，则行使统治权之任务悉惟中央执行委员会是赖。"②从这里可以看出，其认为国民党掌握政权既不是开明专制，也不是帝制自为。

有意思的是，当时学者还对训政时期约法中的统治权概念进行了释义。首先，主权和统治权是不同的权力。"主权和第30条所定的'中央统治权'，也是两种不同的权力。中央统治权是控制中央政府的一种权力，应该由人民代表机关专掌（参照第三十条释义）。代表行使中央统治权，是以国家机关的资格，来行使国家机关的权力；绝不是以人民的资格来行使主权，也不是代替人民来行使主权。"③其次，统治权是德国人创造的名词，英法等国只用主权词汇。"统治权这个名词，是德国人首先创用的，指国家强制人民服从的命令权而

① 荣孟源主编，孙彩霞编辑：《中国国民党历次代表大会及中央全会资料》（下册），光明日报出版社1985年版，第39-40页。

② 荣孟源主编，孙彩霞编辑：《中国国民党历次代表大会及中央全会资料》（下册），光明日报出版社1985年版，第41页。

③ 吴经熊、金鸣盛：《中华民国训政时期约法释义》，张研、孙燕京主编：《民国史料丛刊3政治·法律法规》，大象出版社2009年版，第42-43页。

言，与国家最高权的主权不同。不过他们用字，有时也互相混同不分彼此的。英法等国却只有主权一个字，没有什么统治权的名目。”①最后，中央统治权概念和德国所用的统治权并不相同。“中央统治权是代表机关控制整个中央政府的权力，所以和德人所说的统治权绝不相同(参照第2条关于主权之解释)。德国人所谓‘统治权’，指国家支配人民的权力，也就是政府命令人民的权力，其行使分立法、行政和司法三权。‘中央统治权’并不是国家支配人民的权力，反而是人民假代表之手以控制政府的权力，其行使分选举、罢免、创制和复决四权。这是第一个不同，所谓三权分立，除政府自身的立法、行政、司法三部外，并无另一人民代表机关之存在，以控制整个政府。有些国家却特别给立法机关以若干重权，例如不信任决议权，选举总统及高级司法官之权等。在这些国家，其国会就不仅是一个纯粹的立法机关，却兼有一部分控制他部政府之权。故‘统治权’在五权宪法里说起来，至多只能说其中有一小部分和‘中央统治权’相当，其余大部分却只能说是‘治权’而不是‘中央统治权’。这是第二个不同。”②从这些释义来看，其显然认为约法中的统治权概念具有自身的特殊意思，而与德国统治权概念不同。

因此，在国民党训政时期，统治权与主权等权力概念具有特定的含义。

二、训政时期的统治权形态

从文本来看，训政时期的统治权形态有两种形态：一是国民党统治权形态；二是国民政府总揽治权形态。第一种形态保持着国民党改组以来的以党治国的形态；而第二种形态则改变了以往国民政府掌理政务的形态，而采用了五院集中于国民政府的形态。

---

① 吴经熊、金鸣盛：《中华民国训政时期约法释义》，张研、孙燕京主编：《民国史料丛刊3政治·法律法规》，大象出版社2009年版，第43页。

② 吴经熊、金鸣盛：《中华民国训政时期约法释义》，张研、孙燕京主编：《民国史料丛刊3政治·法律法规》，大象出版社2009年版，第139-140页。

(一)《训政纲领》和《国民政府组织法》时期的统治权形态

1928 年 10 月 3 日通过的《训政纲领》提到了“政权”和“治权”。其一，中华民国于训政时期，由中国国民党全国代表大会代表国民大会领导国民行使政权。其二，中国国民党全国代表大会闭会时，以政权付托中国国民党中央执行委员会执行之。其三，依照总理建国大纲所定选举、罢免、创制、复决四种政权，应训练国民逐渐推行以立宪政之基础。其四，治权之行政、立法、司法、考试、监察五项付托于国民政府总揽而执行之，以立宪政时期民选政府之基础。从这里可以看出，政权由国民党行使，治权由国民政府执行。

与此同时通过的《国民政府组织法》在前言中也提到了“政权”，同时在正文中提到了“治权”。其前言表述为，中国国民党本革命之三民主义，五权宪法，建设中华民国，既用兵力扫除障碍，由军政时期入于训政时期，允宜建立五权之规模，训练人民行使政权之能力，以期促进宪政，奉政权于国民。而正文第 1 条规定，国民政府统揽中华民国之治权。这里的政权和治权概念与上述《训政纲领》中的意思一样。

此后，《确定训政时期党政府人民行使政权治权之分际及方略案》则进一步对训政纲领进行解释。其对此一时期的权力结构进行了描述：“总理所定五权宪法之基本原则，其目的在于造成人民行使四种政权，政府行使五种治权之国家。训政纲领本此原则，故于第 1 条至第 3 条，以政权付托于中国国民党之最高权力机关，务训练国民，达到直接行使政权之目的；于第 4 条，以治权付托于国民政府；而其最高指导监督之责，则于第 5、第 6 两条，仍属之于中国国民党。此其以中国国民党独负全责，领导国民，扶植中华民国之政权、治权，而使之发展，以入宪政之域，固至为明显也。”①这里对中国国民党与政权、治权之间的关系进行了进一步分析。

从这一时期的规定及解释来看，在训政时期，国民党负责政权，

---

① 荣孟源主编，孙彩霞编辑：《中国国民党历次代表大会及中央全会资料》(下册)，光明日报出版社 1985 年版，第 658 页。

而国民政府负责治权，各自进行总揽行使。对于这一时期的训政体制，有学者认为："《训政纲领》将国民党全国代表大会确定为国家最高权力机关，确立了国民党在全国的最高训政者地位。《训政纲领》形式上是国民党的纲领，实际上是训政时期国家的宪法性文件。"①还有学者认为："《训政纲领》最终要把全国的一切权力(包括政权、治权)统统交给国民党中央。"②还有作者对国民党和国民政府一起进行评价："训政时期中国的权力配置及其运行体制，是地地道道的一党统治体制，其所谓国民政府，即是地地道道的党治政府。国家的统治大权完完全全地掌握在国民党手中。"③不过，《训政纲领》为国民党二大中央第172次常务会议议决和三大追认的，并没有经过民意机关的通过，从严格意义上来说，其并不属于训政时期的根本法，而只有《国民政府组织法》才属于这一阶段的根本法。因此，在某种意义上说，国民政府统揽治权才属于这一阶段的统治权形态。

(二)《训政时期约法》和《国民政府组织法》时期的统治权形态

《训政时期约法》是南京国民政府时期的又一重要法律文件。该部法律不仅使用了"主权"，而且使用了"统治权"。此外，还提到了"政权"和"治权"。其第2条规定，中华民国之主权属于国民全体。第30条规定，训政时期由中国国民党全国代表大会代表国民大会行使中央统治权。中国国民党全国代表大会闭会时，其职权由中国国民党中央执行委员会行使之。第31条规定，选举、罢免、创制、复决四种政权之行使，由国民政府训导之。第32条规定，行政、立法、司法、考试、监察，五种治权由国民政府行使之。这里需要注意的是，与训政纲领相比，其在表述上有所变化。一是肯定主权在国民全体，二是国民党行使中央统治权，三是国民政府训导政权之行使，四

① 张晋藩：《中国宪法史》，吉林人民出版社、人民出版社2011年版，第261页。

② 张学仁、陈宁生主编：《二十世纪之中国宪政》，武汉大学出版社2002年版，第153页。

③ 石柏林：《旧中国宪法五十年——国家权力配置研究》，湖南大学出版社2008年版，第258页。

是国民政府行使治权。而根据约法修改的《国民政府组织法》第 2 条规定，国民政府总揽中华民国之治权。这里由原来的“统揽”改为“总揽”，实际上显示了与袁记约法相似的模式。

由此可见，训政时期约法所使用的权力概念具有内在的联系，这种联系显然是五权宪法所构造的体制所决定的。对此，有学者认为：“五权宪法于国家政治权力的划分，依权能分离之原则，分做三大部分：第一是‘政权’，由选民团体行使；第二是‘中央统治权’，由人民代表机关行使；第三是‘治权’，由政府行使。所以政权也可以说是‘人民权’，中央统治权也可以说是‘代表权’，治权也可以说是‘政府权’。政权站在‘权’的方面，治权站在能的方面，中央统治权则站在权能之中间，对人民有能的作用，对政府又有权的作用，以收联络贯通之效：这叫做五权宪法的‘权能三级制’。”①而与前一阶段相比，《训政时期约法》开始成为这一时期的根本法。以党治国的特征真正在根本法中得以体现，因为其所使用的“统治权”包含了政权和治权。而国民政府不仅训导政权，而且行使治权。所以，有学者认为：“训政纲要的总体特征是以国家根本法的形式确认训政时期国民党行使国家统治权。”②还有学者认为：“《中华民国训政时期约法》虽然袭取了资产阶级宪法民主自由原则，但它所确认的是国民党一党专政的党治主义，这是他的本质和特色。”③因此，从《训政时期约法》开始，国民党统治权形态得到了正式的确认。而《国民政府组织法》则规定了国民政府总揽治权的模式。这种国民党行使统治权和国民政府总揽治权的模式一直延续到抗日战争之后，成为一种所谓的“党国体制”。④

---

① 吴经熊、金鸣盛：《中华民国训政时期约法释义》，张研、孙燕京主编：《民国史料丛刊 3 政治・法律法规》，大象出版社 2009 年版，第 43-44 页。

② 石柏林：《旧中国宪法五十年——国家权力配置研究》，湖南大学出版社 2008 年版，第 286 页。

③ 张晋藩：《中国宪法史》，吉林人民出版社、人民出版社 2011 年版，第 265 页。

④ 付春扬：《民国时期政体研究》，法律出版社 2007 年版，第 87 页。

第三节　制宪时期的统治权类型

按照建国方略，训政时期必须进入宪政时期，因此，在训政时期约法颁布之后，国民党随后开始了制宪活动。尽管这种制宪活动一直持续到抗日战争以后，但是训政时期的统治权形态开始从文本上消失。同时，国民政府这一机构一直到所谓行宪时期才真正被废除。这就有必要分析一下制宪时期的统治权形态。

一、制宪时期的统治权观念

从历史来看，主权、统治权、政权和治权等权力概念在制宪时期依然在使用，但是随着宪法草案的变化，这些概念也发生了很大的变化。其大致可以分为以下四个时期。

（一）五五宪草时期的统治权观念

1932年，国民党召开四届三中全会，通过了孙科等人提出的集中国力挽救危亡案，从而决定开始宪政准备。1933年1月，立法院成立了宪法草案起草委员会，从此开始了宪法起草工作。从1933年到1936年，这一时期，宪法草案对“主权”等概念进行了关注。首先，宪法草案起草原则二十五点提到，第2条规定，中华民国主权属于国民全体。“主权”概念在宪法草案研究程序表中也是作为一个重要课题。其次，从“政权”和“治权”使用方式来看，其提到了立法院的性质问题，即究竟是政权机关还是治权机关。宪法草案研究程序表中予以说明：“立法院系治权机关，抑系政权机关？关于这一点，总理说：治权是能，政权是权。权和能是要分开的。所以，我们立法院和各国议会的性质不同。不过，应该属于治权呢？还是属于政权呢？也要详细地研究研究。”①这说明，诸多权力词汇依然是人们进行评判的概念。而从宪法草案文本来看，其概念使用方式不一。

① 夏新华等：《近代中国宪政历程：史料荟萃》，中国政法大学出版社2004年版，第865页。

吴经熊所拟定的《中华民国宪法草案初稿》第 2 条规定，中华民国之主权属于人民全体。第 13 条规定，中华民国与各友邦缔结条约，应基于国际平等互尊主权之原则，其有违反此原则者，应设法修改或废除之。从其用词来看，前一个主权概念显然和后一个主权概念不同。此外，吴经熊草案并没有使用其他权力概念。

张知本所拟定的《中华民国宪法草案》则提到“主权”、“政权”、“治权”概念。其第 2 条规定，中华民国之主权，属于人民全体。第 3 条规定，主权为政权与治权，政权为选举、罢免、创制、复决四权，由人民行使之；治权为行政、立法、司法、考试、监察五权，由人民委之行政机关、立法机关、司法机关、考试机关、监察机关行使之。第 40 条规定，中华民国国民大会，为代表全体人民行使中央政权之机关。第 119 条规定，省设省民大会，代表全省人民行使省之政权，省民大会，由全省各县人民选举代表组织之。从张知本的使用方式来看，其将主权视为政权和治权的集合。

值得注意的是，“统治权”概念在这一时期依然出现在民间宪法草案之上。例如，薛毓津所拟的《中华民国宪法草案》则使用了“国权”、“统治权”等概念。第 1 条规定，中华民国为共和政体。国权属于全国国民。第 54 条规定，国权之表见于统治权者，中央政府依据宪法及国家所定之法律行之。国权之表见于自治权者，地方自治政府或自治团体依据国家法律及该自治区域或该自治团体所定之法律行之。第 55 条规定，自治权一方代表国家，适国家之祈响，一方又代表该自治区域或该自治团体，自适其祈响。第 56 条规定，自治权之取得，由统治权赋予之。自治权之施行，关于代表国家者，受统治权之指挥；自治权之施行，关于代表该自治区域或该自治团体者，受统治权之监督。第 67 条规定，行政区域为国权所寄托，非依法律，不得变更。第 223 条规定，一切司法权出自国家。第 225 条规定，司法权之在各审皆与行政分离。第 244 条规定，考试权出自国家。国家为考试权之执行设都试院。第 260 条规定，考绩权出自国家。国家为考绩权之执行设审官院。第 271 条规定，考文权出自国家。国家为考文权之执行设立考文院。由于这个草案只是学者个人建议，并不为官方所看重。不过，其不用“主权”，而用“国权”，而且将“统治权”和“自治权”视为“国权”之集合，其设计思路非常特殊。这从一个侧面也反映了当时学者的统治权观念。

1933 年 11 月 16 日，主稿人会议三读通过《中华民国宪法草案初稿草案》，该稿以吴经熊草案为基础修订而成。该草案使用了“主权”、“最高权力”、“立法权”、“行政权”、“司法权”、“考试权”、“监察权”等概念。第 2 条规定，中华民国之主权属于人民全体。第 48 条规定，中华民国国民大会为代表人民全体之最高权力机关。第 70 条规定，国民政府总揽中华民国之行政权、立法权、司法权、考试权、监察权。第 80 条规定，五院各依法律行使治权，有侵越他院职权时，该他院应提出质询。第 89 条规定，行政院为国民政府行使行政权之最高机关。第 96 条规定，立法院为国民政府行使立法权之最高机关。第 108 条规定，司法院为国民政府行使司法权之最高机关。第 117 条规定，考试院为国民政府行使考试权之最高机关。第 123 条规定，监察院为国民政府行使监察权之最高机关。这一稿虽然以吴经熊草案为基础，但是在权力概念的使用上却突出了张知本草案的内容。当然，对于张知本草案中使用的“政权”概念，该初稿草案并未采用。

1934 年 2 月 23 日，立法院宪法草案起草委员会拟定并于 3 月 1 日公布《中华民国宪法草案初稿》征求意见。该初稿使用了“主权”、“立法权”等概念。第 2 条规定，中华民国之主权属于人民全体。第 67 条规定，国民政府总揽中华民国之行政权、立法权、司法权、考试权、监察权。第 85 条规定，行政院为国民政府行使行政权之最高机关。第 92 条规定，立法院为国民政府行使立法权之最高机关。第 104 条规定，司法院为国民政府行使司法权之最高机关。第 115 条规定，考试院为国民政府行使考试权之最高机关。第 120 条规定，监察院为国民政府行使监察权之最高机关。与初稿草案相比，其没有使用“治权”概念。这样，“政权”和“治权”概念从此不再出现在宪法文本之中了。

1934 年 6 月 30 日，立法院宪法草案初稿审查委员会拟定并于 7 月 9 日披露《中华民国宪法草案初稿审查修正案》。其最大的变化是取消国民政府的设置。其使用了“主权”、“行政权”、“立法权”、“司法权”、“监察权”。其中，第 2 条规定，中华民国之主权属于国民全体。第 51 条规定，总统兼为行政首领，总揽行政权。第 62 条规定，行政院为中央政府行使行政权之最高机关。第 70 条规定，立法院为中央政府行使立法权之最高机关，对国民大会负其责任。第 84 条规定，司法院为中央政府行使司法权之最高机关。第 95 条规定，考试院为中央政府行使考试、铨叙之最高机关。第 102 条规定，监察院为中央政府行使监察权之最高机关，掌理弹劾、审计，对国民大会负其责任。该修正案没有使用考试权概念。最值得关注的是行政权概念在两个条文中出现了。

1934 年 10 月 16 日，立法院通过《中华民国宪法草案》。其中，第 2 条规定，中华民国之主权属于国民全体。第 44 条规定，总统总揽行政权。第 55 条规定，行政院为中央政府行使行政权之最高机关。第 63 条规定，立法院为中央政府行使立法权之最高机关，对国民大会负其责任。第 77 条规定，司法院为中央政府行使司法权之最高机关，掌理民事、刑事、行政诉讼之审判，公务员惩戒及司法行政。第 86 条规定，考试院为中央政府行使考试权之最高机关，掌理考选、铨叙。第 92 条规定，监察院为中央政府行使监察权之最高机关，掌理弹劾、审计，对国民大会负其责任。第 93 条规定，监察院为行使监察权得行使依法向各院、各部、各委员会提出质询。可见，其又恢复了五权概念的使用。

此后，国民党中央提出审查意见。1935 年 10 月 25 日，立法院修正《中华民国宪法草案》(修正)。其中，第 2 条规定，中华民国之主权属于国民全体。第 44 条规定，总统总揽行政权。第 54 条规定，行政院为中央政府行使行政权之最高机关。第 62 条规定，立法院为中央政府行使立法权之最高机关，对国民大会负其责任。第 76 条规定，司法院为中央政府行使司法权之最高机关，掌理民事、刑事、行政诉讼之审判，公务员惩戒及司法行政。第 83 条规定，考试院为中央政府行使考试权之最高机关，掌理考选、铨叙。第 87 条规定，监察院为中央政府行使监察权之最高机关，掌理弹劾审计，对国民大会负其责任。第 88 条规定，监察院为行使监察权，得依法向各院各部各委员会提出质询。该草案继续延续了前一稿的权力概念用法。

此后，国民党中央再次提出审查意见。1936 年 5 月 1 日，立法院通过《中华民国宪法草案》。5 月 5 日，国民政府宣布。这就是平常所说的五五宪草。此后，该草案于 1937 年 5 月 18 日修正。第 2 条规定，中华民国之主权属于国民全体。第 55 条规定，行政院为中央政府行使行政权之最高机关。第 63 条规定，立法院为中央政府行使立法权之最高机关，对国民大会负其责任。第 76 条规定，司法院为中央政府行使司法权之最高机关，掌理民事、刑事、行政诉讼之审判及司法行政。第 83 条规定，考试院为中央政府行使考试权之最高机关，掌理考选、铨叙。第 87 条规定，监察院为中央政府行使监察权之最高机关，掌理弹劾、惩戒、审计，对国民大会负其责任。第 88 条规定，监察院为行使监察权，得依法向各院、各部、各委员会，提出质询。值得注意的是，五五宪草依然保留前述权力概念的用法。

在这一时期，为了区分“主权”和“政权”，不少学者对此进行了澄清。有学者在对五五宪草第 2 条中华民国之主权，属于国民全体进行释义时指出：“‘主权’亦即国家之最高权。凡属民主国家，其主权均属于人民。惟各国法例，亦有规定为‘主权源于国民’者。此种国家，大抵以国会为行使主权之机关，仅认主权之渊源来自国民而已。吾国之国民大会为代表人民行使政权之机关，与国会性质不同。国民大会并无行使主权之权，而主权则仍由人民自握之，故规定为‘属于国民’也。”①同时，“又‘主权’与‘政权’似同而实不同，前者为国家之最高权，其涵义甚为广博；后者则不行使主权之一种方式而已，其内容则受法定之限制。例如政府有违背宪法之时，人民起而革命，此亦主权运用方式之一也，但不能以寻常之‘政权’名之也。爱斯多尼

① 金鸣盛编著：《国民政府宣布中华民国宪法草案释义》，张研、孙燕京主编：《民国史料丛刊 2 政治·法律法规》，大象出版社 2009 年版，第 73 页。

宪法第 29 条，且明定创制、复决与选举三权，为人民行使主权之方法。”①另一学者在解释第 2 条中华民国之主权属于国民全体时指出：“中华民国的主权，既然属于国民全体，那么全体国民怎样行使主权呢？人民行使主权的方法不一，‘政权’不过是行使主权的一个方式，至于国民大会，乃代表人民行使政权的机关，并无行使主权的权力，主权仍然属于国民全体，那是毫无疑义的。”②可见，在当时人们的观念中，主权和政权之间是存在差异的，这种差异决定了制度的设计。

因此，从整体来看，这一时期人们所关注的是“主权”、“政权”和“治权”问题，而“统治权”词汇的使用非常有限。同时，其在宪法草案中常用“立法权”、“司法权”、“行政权”、“考试权”和“监察权”等具体权力概念，可见，五权分立观念之强烈。

（二）《期成宪草》时期的统治权观念

抗战时期，设立了国民参政会，其中一个任务就是对宪法的讨论。1938 年 7 月，国民参政会第一届第一次会议召开。1939 年 9 月 9 日国民参政会第一届第四次大会通过协助政府促成宪政案，决定组织国民参政会宪政期成会。1940 年 3 月，期成会通过《草拟中华民国宪法草案修正案》，即期成宪草。该修正案于 1940 年 4 月 2 日在国民参政会第五次大会上通过。从该草案来看，其使用了不少权力概念。第 2 条规定，中华民国之主权属于国民全体。第 27 条规定，国民大会为中华民国最高权力机关。第 82 条规定，司法权由司法院行使之。司法院掌理民事、刑事及诉讼之审判。第 88 条规定，考试权由考试院行使之，掌理考选。第 92 条规定，监察权由监察院行使之，掌理弹劾、惩戒、审计。第 97 条规定，监察院为行使监察权，得依法向各院、各部、各委员会提出质询。从权力词汇的用法来看，期成宪草变动较大，同时也没有使用“立法权”和“行政权”两个概念。

---

① 金鸣盛编著：《国民政府宣布中华民国宪法草案释义》，张研、孙燕京主编：《民国史料丛刊 2 政治·法律法规》，大象出版社 2009 年版，第 73 页。

② 陈盛清：《五五宪草释论》，张研、孙燕京主编：《民国史料丛刊 2 政治·法律法规》，大象出版社 2009 年版，第 274 页。

对于上述权力词汇的用法，当时进行了说明。其认为："五院应依中山先生遗教，我国采用五权宪法，即于各国所谓行政、立法、司法三权外，加上监察、考试两种，而五院之制即由之而生。然中山先生之所谓五权分立，并非五院或五大官之分立，如今日之司法院，并司法行政而亦管辖之。监察与考试本为中国之旧制，监察即中国之御史、谏议，而考试即中国之科举。似此，则监察权即为对官吏违法溺职之弹劾，而考试权即为对国家人才之权衡取舍，权之独立，限于此义。中山先生之五权分立，绝无将国家行政划为五部，使之互相牵掣，互相抵消，致行政权机构运用不灵，行政效率不能增高。期成会依据遗教，五权确定其独立性，且保存五院名义，而将五院中牵涉行政权之一切事务，仍移归行政院。如是五院之制不废，而其权限重加厘定，所以使中央之院、部、会之联系更加紧凑，而得实际上事权统一之效果。《五五宪草》中关于各权均有某院行使某权之最高机关之语。最高二字，于理尤有未合，故此条皆予删去。"①从这一分析来看，其似乎有意改变孙中山五权分立的设想。也就是说，虽然其依然强调五权分立，但是并不再强调五权之间的平衡。因此，其不再刻意使用五权概念。

此外，从制宪过程来看，这一时期几乎不用"统治权"概念。

（三）政协宪法草案时期的统治权观念

抗战顺利后，1946 年 1 月 10 日政治协商会议召开，会议通过关于宪法草案的协议有十二项。此后，政治协商会议又决议组织宪草审议委员会。1946 年 11 月初，宪草审议委员会完成《五五宪草修正案》，后改称《中华民国宪法草案修正案》。经过国防最高委员会通过之后，即由国民政府送交立法院审议。立法院对修正案没有做出讨论和修改，只将该案送呈国民政府，转送国民大会，以完成立法程序。从该草案来看，其使用了"国权"、"民权"、"主权"等概念。序言规定，中华民国国民大会受全体国民之付托，依据孙中山先生创立中华

① 夏新华等：《近代中国宪政历程：史料荟萃》，中国政法大学出版社 2004 年版，第 1059 页。

民国之教条，为巩固国权，保障民权，奠定社会安宁，增进人民福利，制定本宪法，颁行全国，永矢咸遵。第2条规定，中华民国之主权属人民全体。第62条规定，立法院为国家最高立法机关，由人民选举之代表行使立法权。第89条规定，考试院为国家行使考试权之最高机关，掌理考试、任用、铨叙、考绩、薪给、升迁、退休、养老等事项。第96条规定，监察院为国家最高监察机关，行使同意、弹劾及监察权。第100条规定，监察院为行使监察权，得向行政院及各部会调阅其所发布命令及各种文件。该宪法草案在权力概念的运用保留了期成宪草的做法，同时也没有使用行政权、司法权概念。

在这一时期，统治权概念重新出现。不过，其似乎是一个被批判的概念。例如，1946年4月7日，《新华日报》发表题为《训政时期约法必须废止》的社论，它指出：根据民主政治的原则，世界各个民主国家没有以一个政党代替全国人民行使所谓中央统治权的例子。而以一个政党代替全国人民行使所谓中央统治权的基础上建立起来的政府，也绝不是民主的政府，绝不能取得人民所承认的合法根据。因而，规定以一个政党代替全国人民行使所谓中央统治权的《训政时期约法》的本身就是非法。① 也就是说，在制宪时期，统治权是与国民党、训政等联系在一起的，自然属于不受欢迎的概念。

由此可见，虽然在形式上保留着五院形态，但是五权分立形态发生了非常大的变化，权力概念的使用更不规范。

(四)四七宪法时期的统治权观念

1946年6月下旬，国民党发动全面内战。7月3日，召集国防最高委员会会议，决定在11月12日召开国民大会。此举立即遭到中国共产党和民主党派的反对。1946年10月5日，《新华日报》发表以《反对维持一党专政的国民大会》为题的社论。该社论指出，在改组政府和修正宪草等问题上，当局都强迫各民主党派接受它的意见，服从它的指挥，替它捧场，给它帮闲，其目的是在民主团结的假面具

① 闻黎明：《第三种力量与抗战时期的中国政治》，上海书店出版社2004年版，第257页。

下，维持一党专政的独裁统治；同时，社论还指出，如果国民党一意孤行，召开一党专政的国民大会，那么解放区人民即将考虑召开解放区人民代表大会，来对抗国民党一手包办的国民大会。① 1946 年 11 月 15 日，国民大会开幕。1947 年 1 月 1 日，南京国民政府公布了宪法。1 月 3 日，《解放日报》发表评论，指出其实质在于“人民无权，独夫集权”。② 1948 年 4 月，行宪国大闭幕后，新华社发表《旧中国在灭亡，新中国在前进》社论，其指出：“蒋介石统治中国 21 年所追逐的最后一出戏，已经演过了”，“宣布他所统治的中国为‘行宪国家’的时候，就已经是他的统治走向灭亡的时候”。③ 显然，“统治”是一个贬义词。

而国民党也没有使用“统治”等权力概念。例如，1947 年 3 月 15 日，蒋介石在国民党六届三次中央会议的开幕词中提到“我们面临实施宪政的前夕，距离行宪的时间不过九个月，我们这一次全会实在是结束训政的一次全会”；“现在宪法既经颁布，在建国程序上，我们就要进入宪政时期，在政治形态上，就要由一党负责的时期过渡到各党派和全民共同负责的时期。今后要将国家的责任，公之于全国各党派和全体人民。所以这一次全会，实在是二十年来空前重要的一次集会。我们要从这次全会起，从新厘定党和政府的关系，改变我们党员在训政时期的意识和观念。在以往，是党的政策由党透过政府来执行；在今后，我们所有对于国家军事、政治、经济一切决议，就要以建议的方式送达政府，并且协助政府来执行”。④ 从其发言来看，其

① 徐祥民等：《中国宪政史》，青岛海洋大学出版社 2002 年版，第 252 页。

② 《解放日报》1947 年 1 月 3 日，李佩良、潘望喜、宗成康、赵兢编著：《中华民国兴亡史》，1992 年 12 月版，第 331 页。

③ 新华社社论：《旧中国在灭亡，新中国在前进》，1948 年 5 月 23 日。李佩良、潘望喜、宗成康、赵兢编著：《中华民国兴亡史》，1992 年 12 月版，第 338 页。

④ 荣孟源主编，孙彩霞编辑：《中国国民党历次代表大会及中央全会资料》，光明日报出版社 1985 年版，第 1089 页。

显然也开始否定训政这种统治权形态。

此外，1947年《中华民国宪法》序言规定，中华民国国民大会受全体国民之付托，依据孙中山先生创立中华民国之遗教，为巩固国权，保障民权，奠定社会安宁，增进人民福利，制定本宪法，颁行全国，永矢咸遵。第2条规定，中华民国之主权属于国民全体。第25条规定，国民大会依本宪法之规定，代表全国国民行使政权。第62条规定，立法院为国家最高立法机关，由人民选举制立法委员组织之，代表人民行使立法权。从其用法来看，其似乎强调了“国权”和“民权”概念，同时，也没有使用以往的行政权、司法权、监察权和考试权等概念。

由此可见，权力概念的用法已经不重要了，五权分立至少在宪法文本上始终未能得到体现。

二、制宪时期的统治权形态

在制宪时期，最大的变化是统治权形态。从宪法起草过程来看，出现了多种统治权形态，但是在最终通过的《中华民国宪法》中却消失了。

(一)国民政府总揽中华民国之行政权、立法权、司法权、考试权、监察权

1933年的《中华民国宪法草案初稿草案》和1934年的《中华民国宪法草案初稿》均规定，国民政府总揽中华民国之行政权、立法权、司法权、考试权、监察权。这里的国民政府是由总统及行政院、立法院、司法院、考试院、监察院组成的。这种总揽模式显然一方面延续了《训政时期约法》和《国民政府组织法》规定，另一方面又根据形势作了变动，如增加了总统，也不再使用治权概念。

(二)总统总揽行政权

1934年《中华民国宪法草案初稿审查修正案》规定，总统兼为行政首领，总揽行政权。1934年的《中华民国宪法草案》则规定，总统总揽行政权。1935年《中华民国宪法草案(修正)》依然规定，总统总揽行政权。这些规定，一方面依然延续了前面的总揽模式，另一方面

又将其限制在行政权范围之内。这种形态的出现显然是国民政府这个机构被取消的缘故。也就是说，从这一时期开始，在五权之上已经没有一个总揽机关了。

值得注意的是，1934 年《中华民国宪法草案初稿审查修正案》一经披露，就被广泛评论。其中一个观点认为，该草案体现了行政集权制的特点，因为总统为行政首领，行政院院长及政务委员各部部长均由总统任免，对总统负责，而行政会议亦以总统为主席，这样，行政院院长无异于总统的幕僚长。① 这种行政集权制的论点可以说反映了统治权形态的存在。

（三）五五宪草中的统治权形态及其演变

从 1936 年公布的《中华民国宪法草案》，即通常所说的五五宪草开始，上述所出现的总揽模式基本上在宪法草案和正式的宪法文本中不再出现。这表明训政时期所出现的总揽模式从文本来看在历史中消失了。但是，五五宪草所确立的制度依然具有统治权形态的影子。

从条文上看，1936 年《中华民国宪法草案》虽然取消了 1935 年《中华民国宪法草案（修正）》中的“总统总揽行政权”条款，但是增加了两个条款：一是第 44 条，即国家遇有紧急事变，或国家经济上有重大变故，须为急速处分时，总统得经行政会议之议决，发布紧急命令，为必要之处置；但应于发布命令后 3 个月内，提交立法院追认。二是第 45 条，即总统得召集五院院长会商二院以上事项，及总统咨询事项。这两个条款实际上赋予总统凌驾于五院之上的权力。同时，行政院院长、副院长和政务委员，由总统任免之，各对总统负其责任。总统对立法院议决案在公布或执行前，有提交复议权。司法院院长、副院长由总统任命之。考试院院长、副院长由总统任命之。这样，总统对于五院具有足够的影响力。当时的宪法草案说明中认为：“国家权力，虽可分之为三或五，但其上不能无统一之机关。《五五

① 陈茹玄：《增订中国宪法史》，文海出版社 1986 年版，第 217 页。

宪草》中因此有设总统之规定，所以为国家统一之象征，并为对外之代表。"①所以，总统实际上是国家权力的统一机关。对此，当时的香港大公报社论认为："'五五宪草'变更初稿五院合组政府、共掌大权之规定，而集权于总统。又，取消初稿之不信任权，免立法与行政对立。此其用意，未可厚非。行政职责，原比立法、司法等项为重大繁杂，况立国于纷争多故之秋，不仅要选贤与能，以当大任，并且须畀以事权，使得有所展布。但国民既授总统以大权，仍须有相当之监督，尤重在行政计划、与财政收支。"②这种集权于总统的做法体现了统治权形态的存在。

此后，期成宪草增加了国民大会闭会期间设国民大会议政会的规定，并从各方面对总统权力进行了限制。其突出了在国民大会闭会期间国民大会议政会对总统的限制。首先，议政会议决戒严案、大赦案、宣战案、媾和案和条约案；其次，凡经国民大会议政会复决通过治法律案，总统应依法公布之；再次，国民大会议政会对于监察院提出之总统、副总统弹劾案，经出席议政员2/3之决定受理时，应即召集临时国民大会，为罢免与否之决定；最后，国民大会议政会可以向总统提出质询，并听取报告。尽管有上述诸多限制，但是五五宪草所赋予的总统的紧急命令权和若干人事任免权并没有改变，在某种程度上依然维持着总统集权的形态。

最值得关注的是政协宪草的规定。从总体上看，该宪草不再设置国民大会的常设机构议政会，但是这并不意味着其恢复到五五宪草的形态。其一，行政权部分出现了新的变化。尽管这一部分未经决定，但是其有许多变化：一是行政院对立法院负责；二是行政院院长由总统提名，经立法院同意任命之；三是立法院和行政院在重要政策、法律案、预算案和条约案等方面的相互制约。这说明，总统在行政权方

① 夏新华等：《近代中国宪政历程：史料荟萃》，中国政法大学出版社2004年版，第1058页。

② 夏新华等：《近代中国宪政历程：史料荟萃》，中国政法大学出版社2004年版，第1085页。

面的影响力受到了很大的制约。其二，总统法律公布权受到制约。其三，司法院院长和大法官，由总统提名，监察院同意任命之。其四，考试院考试委员由总统提名，经监察院同意任命之。此外，该草案还规定大法官和考试委员要超出于党派以外。所有这些条款使总统仅有提名权，而无实质的决定权。这种做法显然和五五宪草和期成宪草具有很大的不同。有学者认为："政协宪草协议虽在形式上遵守了孙中山'五权宪法'的'总理遗教'，但实际通过偷梁换柱的巧妙手段，将立法、行政、司法三权相互制约、彼此平衡的西方代议制政体基本引到了中国，完全改变了孙中山所独创的'权能分治'、'五权分立'的政体设计。"①正是政协宪草的这一变化，对 1947 年《中华民国宪法》产生了决定性影响。

(四)四七宪法中的统治权形态

1946 年 11 月 15 日，国民党非法召开国民大会，《中华民国宪法草案》正本(即政协会议拟定的《中华民国宪法草案修正案》)交由大会讨论。12 月 25 日上午，国民大会对宪法草案三读完毕，全体代表一致起立表决通过。1947 年 1 月 1 日国民政府公布《中华民国宪法》，并于 1947 年 12 月 25 日施行，此即四七宪法。同时，1947 年 12 月 15 日，公布《训政结束程序法》。从四七宪法来看，其基本上保留了政协草案的基本条款，不过加强了总统在行政方面的人事权力。第 55 条规定，行政院院长由总统提名，经立法院同意任命之。立法院休会期间，行政院院长辞职或出缺时，由行政院副院长代理其职务，但总统须于 40 日内咨请立法院召集会议，提出行政院院长人选征求意见。行政院院长职务，在总统所提行政院院长人选未经立法院同意前，由行政院副院长暂行代理。而第 56 条规定，行政院副院长、各部会首长及不管部会之政务委员，由行政院院长提请总统任命之。这说明，四七宪法在一定程度上加强了总统的权力，但是这种权力架构显然不可能恢复到五五宪草的状态。

---

① 秦立海：《民主联合政府与政治协商会议——1944—1949 年的中国政治》，人民出版社 2008 年版，第 213 页。

不过，统治权形态似乎并没有完全消失。这种形态事实上存在于宪法文本所设计的紧急命令制度之中。根据宪法第39条规定，总统依法宣布戒严，但须经立法院之通过或追认。立法院认为必要时，得决议移请总统解严。第43条规定，国家遇有天然灾害、疫病或国家财政经济上有重大变故，须为急速处分时，总统于立法院休会期间，得经行政院会议之决议，依紧急命令法，发布紧急命令，为必要之处置；但须于发布命令后1个月内提交立法院追认。如立法院不同意时，该紧急命令立即失效。这就赋予总统极大的主动权。在宪法公布之后，1948年5月10日公布了《动员戡乱时期临时条款》，其规定，总统在动员戡乱时期，为避免国家或人民遭遇紧急危难，或应付财政经济上重大变故，得经行政院会议之决议，为紧急处分，不受宪法第39条或第43条所规定程序之限制。前项紧急处分，立法院得依宪法第57条第2款规定之程序，变更或废止之。动员戡乱时期之终止，由总统宣告，或由立法院咨请总统宣告之。若将此条款与宪法相应规定进行比较，可以发现，总统的紧急处分权力可以不受到宪法上述两个条款的限制，这就意味着总统可以通过这个条款限制宪法的效力。正如有学者指出："与宪法赋予总统的戒严权和紧急命令权相比，'临时条款'所规定的总统的紧急处分权是无限制地扩大了和加强了。"①也就是说，一方面，从宪法文本来看，其似乎限制了总统的权力，但是另一方面，通过临时条款又赋予了总统的极大权力。此种权力可以超越宪法所规定的程序，从而形成独立于宪法之外的权力结构。这种权力结构呈现了统治权形态的色彩。

① 王永祥：《中国现代宪政运动史》，人民出版社1996年版，第181页。

第五章　统治权类型的否定

1921年，中国共产党的成立开启了一个新的历史阶段。而从1927年开始，中国共产党开始创建自己的政权。这一时期经历了工农民主政权时期、抗日民主政权时期以及解放区政权时期。从概念变迁来看，“统治”、“统治权”这些词汇在这些政权存续期间依然被使用。值得注意的是，“统治权”、“统治”的用法非常特殊，这种特殊性决定了在中国共产党领导下的政权类型具有区别于统治权类型之处。同时，“政权”词汇也频繁地被使用，在某种意义上来说，这个词汇似乎基本上与“统治权”相对立，因为中国共产党领导的政权必然与以往的统治权类型相对立。此外，“专政”词汇也具有同样的功能，其基本上可以说与“统治”相对而言。这种相互对立的用法使统治权类型显得非常特殊。这种基本肯定“政权”和“专政”词汇、否定“统治权”和“统治”词汇的做法一直延续至新中国时期。对此现象，学术界似乎并没有注意到，因此，有必要进行分析。

第一节　工农民主政权时期的政权类型

1927年，大革命失败后，中国共产党进入了创建红军和建立农村革命根据地的时期。在武装起义的基础上，开辟了革命根据地，建立了红色政权。在红色政权建立过程中，其形成了自己的政权形态。

一、工农民主政权时期的政权观念

在这一时期，“权力”、“集权”、“专政”、“统治”、“政权”、“独裁”等权力概念依然频繁出现。为了便于认识这一时期的政权观念，这里主要围绕1931年11月7日召开的第一次全国工农兵代表大会期间所通过的决议《中华苏维埃共和国宪法大纲》①和《中华苏维埃共和国临时政府对外宣言》②进行分析。

从《宪法大纲》来看，其分别使用了“统治”、“专政”和“政权”词汇。关于“统治”词汇，其使用了“打倒帝国主义国民党在全中国的统治，在全中国建立苏维埃共和国的统治”、“宣布取消一切反革命统治时代的苛捐杂税”、“帝国主义国民党军阀王公喇嘛土司等的压迫统治”、“凡因革命行动而受到反动统治迫害的中国民众以及世界的革命战士”等组合方式。从其用法来看，“统治”基本上是在贬义上使用的，其显然是一种被否定的非法权力。关于“专政”词汇，其使用了“工农民主专政”、“工人和农民的民主专政”、“无产阶级的专政”等组合方式。从其用法来看，“专政”是与“工农”或者“无产阶级”这两个主体相联系的，这种“专政”的目的在于否定“统治”的存在。关于“政权”词汇，其基本上使用“苏维埃政权”，此外，也使用了“中华苏维埃共和国之最高政权”、“全国苏维埃临时中央执行委员会为最高政权机关”、“为使工农兵劳苦民众真正掌握着自己的政权”等组合方式。从其用法来看，“政权”基本上是在褒义的层面上使用的，其试图建立通过这种政权类型达到自己的目的。

从《临时政府对外宣言》来看，其使用了“统治”和“政权”。关于“统治”词汇，其采用了“联合全世界被压迫的民众起来推翻世界帝国主义的统治”、“一切中国统治者为了镇压中国民众运动与屠杀民众借用的外债”、“要根本消灭帝国主义在中国的统治力量”、“不仅打倒帝国主义在中国的统治，而且打倒帝国主义在全世界的统治”、“不打倒帝国主义与国民党的统治，就不能取得真正的和平”等组合方式。从其用法来看，“统治”基本上是与帝国主义和国民党相联系

① 《中华苏维埃共和国宪法大纲》(一九三一年十一月七日中华苏维埃第一次全国代表大会通过)，中央档案馆编：《中共中央文件选集(一九三一)》，中共中央党校出版社1989年版，第772-774页。

② 《中华苏维埃共和国临时政府对外宣言》(一九三一年十一月七日)，中央档案馆编：《中共中央文件选集(一九三一)》，中共中央党校出版社1989年版，第802-803页。

的，反映了这种力量的非法性。关于“政权”词汇，其仅在一个句子中使用，即“它是中国工农兵以及一切劳苦民众的政权，它是代替帝国主义与中国地主资产阶级的国民党的统治，并且继续号召与组织全中国劳苦民众起来推翻这一统治的政权”。从其用法来看，其不仅指苏维埃政权，也指国民党政权，但是这两种政权性质是决然对立的。

由上述两个决议来看，“统治”、“政权”使用频率相对较高，尽管其正反两方面均在使用，但是“统治”主要用于反方，意指帝国主义和国民党的统治，而“政权”则主要用于正方，意指苏维埃政权和政府。这种话语结构基本上代表了这一时期中国共产党的基本权力观念。当然，这并不是说，其他权力概念不再使用，而是指这些权力概念的用法基本上无法脱离这种正反的结构。例如毛泽东在《湖南农民运动考察报告》中就提到了权力词汇，“从前拜倒在绅士权力下面的人，现在却拜倒在农民权力之下”，① 绅士权力和农民权力显然是一种对立的权力。又如，“民主集权”和“民主集中”是相对立的概念。“民主集中主义的制度，一定要在革命斗争中显出了它的效力，使群众了解它是最能发动群众力量和最利于斗争的，方能普遍地真实地应用于群众组织。”②“红军第四军在接受中央指示之后，极端民主化的现象，减少了许多。例如党的决议比较地能够执行了；要求在红军中实行所谓‘由下而上的民主集权制’、‘先交下级讨论，再由上级决议’等项错误主张，也没有人再提了。”③这里将“民主集权制”视为一种错误的主张，而“民主集中主义”却被视为一种正确的主张。还有，“独裁”一词在这一时期也具有正面的含义。例如，“工农兵代表苏维埃，是一种革命的政权形式，即是保证工农民权独裁制直接进于无产阶级的社会主义独裁制；这种形式之下，最容易完成从民权革命生长

① 《湖南农民运动考察报告》（一九二七年三月），《毛泽东选集》（第1卷），人民出版社1991年版，第15页。

② 《井冈山的斗争》（一九二八年十一月二十五日），《毛泽东选集》（第1卷），人民出版社1991年版，第72页。

③ 《关于纠正党内的错误思想》（一九二九年十二月），《毛泽东选集》（第1卷），人民出版社1991年版，第88页。

而成社会主义革命的转变，而且是保证中国之非资本主义发展的唯一方式”。① 这里将工农兵代表苏维埃政权形式视为一种独特的独裁制。所有这些词汇的用法均表明中国共产党与国民党之间在政权问题上的差异。

二、工农民主政权时期的政权形态

由于“统治”概念在这一时期基本上是与国民党、帝国主义等反动势力相联系的一个词汇，因此，工农民主政权时期的政权形态不能简单地与统治权形态相等同。这种政权形态与以往的统治权形态是相对立的。而这一时期的政权形态是指工农兵苏维埃类型。《宪法大纲》规定，中华苏维埃共和国之最高政权为全国工农兵会议（苏维埃）的大会，在大会闭会期间，全国苏维埃中央执行委员会为最高政权机关，中央执行委员会下组织人民委员会，处理日常政务，发布一切法令和决议案。该条款在1934年被修改，其规定，中华苏维埃共和国之最高政权为全国工农兵苏维埃代表大会，在大会闭会的时间，全国苏维埃临时中央执行委员会为最高政权机关，在中央执行委员会下组织人民委员会处理日常政务，发布一切法令和决议案。② 根据修正后的《宪法大纲》，1934年2月17日，第二次全国苏维埃代表大会通过了《中华苏维埃共和国中央苏维埃组织法》，③ 其中规定了全国苏维埃代表大会、中央执行委员会和中央执行委员会主席团的权力。其第2条规定，全国苏维埃代表大会是中华苏维埃共和国的最高政权机

① 《中国共产党的政治任务与策略的议决案》（一九二七年八月二十一日中央常委通过），中央档案馆编：《中共中央文件选集（一九二七）》，中共中央党校出版社1989年版，第338页。

② 《中华苏维埃共和国宪法大纲》（一九三四年一月第二次全国苏维埃代表大会通过），中央档案馆编：《中共中央文件选集（一九三四——一九三五）》，中共中央党校出版社1989年版，第645页。

③ 《中华苏维埃共和国中央苏维埃组织法》（一九三四年二月十七号），中央档案馆编：《中共中央文件选集（一九三四——一九三五）》，中共中央党校出版社1989年版，第672-680页。

关。第7条规定，中央执行委员会是全国苏维埃代表大会闭幕期间的最高政权机关。第17条规定，中央执行委员会主席团为中央执行委员会闭幕期间的全国最高政权机关。从这些规定来看，这一时期的政权形态是以全国苏维埃代表大会为逻辑起点，在此基础上产生中央执行委员会，同时，在中央执行委员会基础上形成中央执行委员会主席团。值得注意的是，中央执行委员会在整个权力结构中具有重要的地位。根据上述中央苏维埃组织法第25条规定，人民委员会为中央执行委员会的行政机关，负指挥全国政务的责任。第34条规定，为保障中华苏维埃共和国法律效力，在中央执行委员会之下，设立最高法院。从这些规定来看，中央执行委员会不仅产生了人民委员会，也产生了最高法院等机构。这说明，中央执行委员会权力具有集权色彩。

对于这种政权形态，在中国宪法史上如何评价似乎不多。有学者认为："中国革命根据地的苏维埃政权，无论是其国体还是政体，与此前的任何政治制度相比较，都有其鲜明特点。可谓是一种全新的制度。"①那么，到底"全新"在何处？历来主要认为这种政权是在中国共产党领导下的体现无产阶级专政的政权，这种认识虽然正确，但是并不全面。笔者以为，其主要反映了一种以工农兵为权力来源的政权形态，从而区别于以往以君主、大总统、国民党为权力来源的统治权形态。正如有的学者所说的："与苏维埃政权的阶级本质相适应，其组织形式采取了工农兵代表大会制度。这一制度不仅与国民党统治区的政权根本不同，而且也不同于中国历史上任何一种政权的组织形式。"②这种认识不能忽视中央执行委员会的权力构造的集权性。

第二节　抗日民主政权时期的政权类型

1937年9月6日，中共将陕甘宁革命根据地改名为陕甘宁边区，从而建立了抗日民主政权。从总体来看，由于抗日救国的需要，中国

① 王永祥：《中国现代宪政运动史》，人民出版社1996年版，第199页。
② 王永祥：《中国现代宪政运动史》，人民出版社1996年版，第202页。

共产党决定将工农民主共和国改为人民共和国，从而形成了新的政权形态。

一、抗日民主政权时期的政权观念

抗日民主政权时期，“统治”、“专政”、“政权”等权力词汇依然在这一时期被使用，但是在用法上出现了新的变化。同时，一些与权力有关的词汇也开始出现，如“宪政”等词汇。这就有必要分析这一时期这些权力词汇的用法，以便了解这一时期的政权观念。这里我们选择《新民主主义论》①和《新民主主义的宪政》②两篇比较经典的著作来进行分析。

从《新民主主义论》来看，“统治”、“专政”、“政权”、“国体”、“政体”、“权力”、“专制”等词汇也不断出现。关于“统治”词汇，其采用了“要把一个被旧文化统治而愚昧落后的中国，变为一个被新文化统治因而文明先进的中国”、“在国民党统治区，基本上也还是一个半殖民地社会；而不论在日本占领区还是国民党统治区，都是封建半封建制度占优势的社会”、“作为统治的东西来说，这种社会的政治是殖民地、半殖民地、半封建的政治，其经济是殖民地、半殖民地、半封建的经济，而为这种政治和经济之反映的占统治地位的文化，则是殖民地、半殖民地、半封建的文化”、“在中国，有帝国主义文化，这是反映帝国主义在政治上经济上统治或半统治中国的东西”等组合方式。从其用法来看，其不仅存在以往的用法，即将国民党与统治相联系，而且出现了一些新的用法，如“统治地位”这些具有描述性词汇。关于“专政”词汇，其采用了“现在所要建立的中华民主共和国，只能是在无产阶级领导下的一切反帝反封建的人民联合专政的民主共和国”、“因此，全世界多种多样的国家体制中，按其政

---

① 《新民主主义论》(一九四零年一月)，《毛泽东选集》(第 2 卷)，人民出版社 1991 年版。

② 《新民主主义的宪政》(一九四零年二月二十日)，《毛泽东选集》(第 2 卷)，人民出版社 1991 年版。

权的阶级性质来划分，基本地不外乎者三种：（甲）资产阶级专政的共和国；（乙）无产阶级专政的共和国；（丙）几个革命阶级联合专政的共和国”、“资产阶级总是隐瞒这种阶级地位，而用‘国民’的名词达到其一阶级专政的实际”等组合方式。从其用法来看，专政与资产阶级、无产阶级、革命阶级相联系，用于描述一个政权的阶级性质。

从《新民主主义的宪政》来看，“宪政”、“民主”、“专政”、“专制”词汇开始出现。关于“宪政”，其主要将宪政作为一种实现的形态。例如，“宪政是什么呢？就是民主的政治。刚才吴老同志的话，我是赞成的。但是我们现在要的民主政治，是什么民主政治呢？是新民主主义的政治，是新民主主义的宪政。它不是旧的、过了时的、欧美式的、资产阶级专政的所谓民主政治；同时，也还不是苏联式的、无产阶级专政的民主政治”、“什么是新民主主义的宪政呢？就是几个革命阶级联合起来对于汉奸反动派的专政”等。从其用法来看，其基本上将宪政等同于民主政治，不过，这种民主政治，既不是资产阶级专政，也不是无产阶级专政，而是几个革命阶级联合专政。这种用法显然也是非常特殊的。此外，在该文中，“一党专政”、“一党专制”等词汇也被用于批评国民党。而“宪政”一词，也在反面使用，如“现在有些历来反对宪政的人，也在口谈宪政了。他们为什么谈宪政呢？因为被抗日的人民逼得没有办法，只好应付一下”、“他们口里的宪政，不过是‘挂羊头卖狗肉’。他们是在挂宪政的羊头，卖一党专政的狗肉”、“三曰厉行宪政。‘训政’多年，毫无结果。物极必反，宪政为先。然而言论不自由，党禁未开放，一切犹是反宪政之行为。以此制宪，何殊官样文章。以此行宪，何异一党专制”等。其将国民党制宪和行宪行为视为一种虚假的行为，从而否定国民党的宪政做法。这表明，不同政治立场决定了相应词汇的用法。

在当时观念中，在反方用法中，其并没有与共产党相联系，也就是其并不主张共产党一党统治或者专政。对此，毛泽东明确对此进行了分析：“在政权问题上，我们主张统一战线政权，既不赞成别的党派的一党专政，也不主张共产党的一党专政，而主张各党、各派、各界、各军的联合专政，这即是统一战线政权。”①“我们只破坏买办大资产阶级和大地主阶级的专政，并不代之以共产党的一党专政。”②“有些人怀疑共产党得势之后，是否会学俄国那样，来一个无产阶级专政和一党制度。我们的答复：几个民主阶级联盟的新民主主义国家，和无产阶级专政的社会主义国家，是有原则上的不同的。毫无疑义，我们这个新民主主义制度是在无产阶级的领导之下，在共产党的领导之下建立起来的，但是中国在整个新民主主义制度期间，不可能、因此就不应该是一个阶级专政和一党独占政府机构的制度。”③“在抗日时期，我们所建立的政权的性质，是民族统一战线的。这种政权，是一切赞成抗日又赞成民主的人们的政权，是几个革命阶级联合起来对于汉奸和反动派的民主专政。它是和地主资产阶级的反革命专政区别的，也和土地革命时期的工农民主专政有区别。对于这种政权性质的明确了解和认真执行，将大有助于全国民主化的推动。过左和过右，均将给予全国人民以极坏的影响。”④也就是说，这种政权并不同于以往的政权形态，而是一种新型的政权形态，其主要表现在既否定了国民党的一党统治或专政，也继承发展了工农民主政权时期的所谓工农兵独裁或专政的形态，这就意味着从这一时期已经开始改变模仿苏联苏维埃政权的思路，而转变到建立适合中国国情的政权形态上来。

此外，从这一时期的施政纲领来看，其对权力词汇的用法也比较特殊。例如，1939 年 1 月陕甘宁边区第一届参议会通过的《陕甘宁边区抗战时期施政纲领》只使用了“主权”概念。第 6 条规定，在不损害

① 《团结到底》(一九四零年七月五日)，《毛泽东选集》(第 2 卷)，人民出版社 1991 年版，第 760 页。

② 《论政策》(一九四零年十二月二十五日)，《毛泽东选集》(第 2 卷)，人民出版社 1991 年版，第 766 页。

③ 《论联合政府》(一九四五年四月二十四日)，《毛泽东选集》(第 3 卷)，人民出版社 1991 年版，第 1061-1062 页。

④ 《抗日根据地的政权问题》(一九四零年三月六日)，《毛泽东选集》(第 2 卷)，人民出版社 1991 年版，第 741 页。

边区主权的原则下，保护一切同情中国抗战国家的人民、工商业者、教民，在边区生产、经营与文化事业方面的活动。又如，1941 年 11 月 17 日陕甘宁边区第二届参议会第一次会议通过的《陕甘宁边区施政纲领》第 21 条规定，在尊重中国主权与尊重政府法令的原则下，允许任何外国人到边区游历、参加抗日工作，或在边区进行实业、文化与宗教的活动，其有因革命行动被外国政府压迫而来边区者，不问其是宗主国人民或殖民地人民，边区政府一律予以恳切的保护。这里都使用了“主权”词汇，这种主权主要指边区主权或者中国主权。同时，《陕甘宁边区施政纲领》第 6 条规定，保证一切抗日人民（地主、资本家、农民工人等）的人权、政权、财权及言论、出版、集会、结社、信仰、居住、迁徙之自由权，除司法系统及公安机关依法执行其职务外，任何机关部队团体，不得对任何人加以逮捕审问或处罚，而人民则有用无论何种方式，控告任何公务人员非法行为之权利。这里的“政权”似乎不同于前一时期的“政权”概念，而是类似于孙中山所说的政权概念。这种用法显然是特殊时期的特殊用法。

二、抗日民主政权时期的政权形态

进入抗日民主政权时期，工农兵苏维埃政权类型已经不适应形势的需要，因此，这一时期的政权形态出现了新的变化，其主要实行以参议会为权力中心的政府委员会制度。例如，毛泽东曾经指出：“目前正在开始的召集河北参议会和选举河北行政委员会，是一件具有严重意义的事。”①因此，“各边区颁布的各级参议会组织条例，一致规定了边区、县参议会为抗日根据地边区和县抗日民主政权的最高权力机关”。② 同时，根据政府组织条例规定，建立了根据地的政府形式，其中陕甘宁边区称为政府委员会，晋察冀边区政府名称为行政委员

① 《抗日根据地的政权问题》（一九四零年三月六日），《毛泽东选集》（第 2 卷），人民出版社 1991 年版，第 741 页。

② 张希坡、韩延龙主编：《中国革命法制史》，中国社会科学出版社 2007 年版，第 95 页。

会，山东解放区则称为战时工作推行委员会，后改称为战时行政委员会。① 因此，可以将这一时期的政权形态称为政府委员会形态。这里需要注意的是参议会与政府委员会的关系。以陕甘宁边区为例，根据1939年4月4日公布的《陕甘宁边区政府组织条例》规定，其建立了边区政府委员会。其第1条规定，陕甘宁边区政府由陕甘宁边区参议会选举委员13人，组织边区政府委员会，呈请国民政府加以委任。其第3条规定，陕甘宁边区政府受国民政府制管辖及陕甘宁边区参议会之监督。其第4条规定，陕甘宁边区政府综理全边区政务。值得注意的是，这一时期的司法机关在政权中的地位。根据1939年4月4日颁布的《陕甘宁边区高等法院组织条例》第2条规定，边区高等法院受中央最高法院之管辖，边区参议会之监督，边区政府之领导；第3条规定，边区高等法院独立行使其司法职权。由此可见，陕甘宁边区政府领导司法机关。上述权力结构在1943年4月25如颁布的《陕甘宁边区政纪总则草案》也有规定，其第1条规定，各级参议会为各级政权的最高权力机关，各级政府服从各该级参议会之决议。第4条规定，在边区参议会闭幕期间，边区政府为边区最高权力机关，对边区参议会负责领导指挥全边区政务。第9条规定，各级政府委员会为各级政府决定政务的权力机关，对各同级参议会负责，各下级政府委员会同时并对各上级政府负责。第16条规定，司法机关为政权工作的一部分，应受政府统一领导，边区审判委员会及高等法院，受边区政府领导，各下级司法机关，受各该级政府领导。从这些规定来看，参议会虽然是政权最高权力机关，但是在闭会期间，政府成为最高权力机关。同时，司法机关并不独立于政府之外，而是接受政府的领导。对此，有作者认为这种权力结构为“两权半”：“边区这种‘两权半’（即立法、行政的独立和司法的‘半独立’）的政权结构模式，既不同于西方资本主义制度的‘三权鼎立’（即立法、司法、行政独立），也不同于国民政府的‘五权宪法’（即立法、行政、司法、监察、考试

① 张希坡、韩延龙主编：《中国革命法制史》，中国社会科学出版社2007年版，第98-99页。

五权分离），是很独特的。”①实际上，由于参议会并不是一个常设机构，而法院受政府领导，所以，政府领导的范围是全方位的，显然，这种政府是一个权力集中的形式。由于参议会系政权的最高权力机关，因此，这种政权类型和统治权类型亦不同。

第三节 解放区政权时期的政权类型

一、解放区政权时期的政权观念

随着抗战的结束和随之解放战争的展开，这一时期的权力词汇也在发生变化。这一时期形势变化很快，但是其基本上离不开《论联合政府》②的基本框架，因此，我们可以从这一文件中了解这些词汇的用法。

从《论联合政府》来看，关于“统治”词汇，其采用了“国民党内的主要统治集团，坚持独裁统治，实行了消极的抗日政策和反人民的国内政策”、“一面在口头上宣称要建立一个‘近代国家’，一面又在实际上拼死命保持那个大地主、大银行家、大买办的封建法西斯独裁统治”、“国民党是一个复杂的政党。它虽被这个代表大地主、大银行家、大买办阶层的反动集团所统治，所领导，却并不整个儿等于这个反动集团”、“国民党统治者面前摆着这些反常的状况，怪谁呢？怪别人，还是怪他们自己呢？怪外国缺少援助，还是怪国民党政府的独裁统治和腐败无能呢？这难道还不明白吗？”、“迄今为止，国民党内的主要统治集团，坚持着独裁和内战的反动方针”、“继续法西斯独裁统治，不许民主改革；不是将重点放在反对日本侵略者方面，而是放在反对人民方面”、“这就是克服一切困难，团结全国人民，废止

① 李智勇：《陕甘宁边区政权形态与社会发展（1937—1945）》，中国社会科学出版社 2001 年版，第 31-32 页。

② 《论联合政府》（一九四五年四月二十四日），《毛泽东选集》（第 3 卷），人民出版社 1991 年版。

国民党的法西斯独裁统治，实行民主改革，巩固和扩大抗日力量，彻底打败日本侵略者，将中国建设成为一个独立、自由、民主、统一和富强的新国家”等组合方式。从其用法来看，其基本将统治和国民党相联系，分别采用了“统治者”、“主要统治集团”，同时将这种统治描述为“独裁统治”、“封建法西斯独裁统治”、“法西斯独裁统治”等，反映了否定国民党统治的合法性。关于“专政”词汇，其采用了“最主要的是国民党政府仍旧保持其自1927年发动内战以来的寡头专政制度，未能建立举国一致的民主的联合政府”、“国民党不但对一党专政不愿废止，对联合政府不愿成立”、“不废止国民党的一党专政，建立民主的联合政府，是不可能的”等组合方式。从其用法来看，也侧重于使用“国民党一党专政”，而将其与联合政府相对立。而关于“政权”，其主要采用了“新民主主义的政权组织，应该采取民主集中制，由各级人民代表大会决定大政方针，选举政府”等组合方式。从其用法来看，这个概念相对来说比较中性，没有强烈的褒贬色彩。此外，从上述文件来看，“主权”词汇几乎不被使用，即使使用，其往往在对外关系场合被使用，如“中国的领土主权，中国人民必须保卫，绝对不允许外国政府来侵犯”。①

从这一时期的权力词汇使用频率来看，“统治”词汇使用频率最高，其反映了对待国民党政权的基本态度，也就是说要推翻这种统治。

二、解放区政权时期的政权形态

尽管《论联合政府》基本上描述了未来政权的基本形态，但是其如何构建并不清楚。从解放战争期间的实践来看，其政权形态是多样的，大致可以划分为两种形态：一是人民政府形态；二是以军事管制委员会形态。前一种形态主要是在已经解放的老解放区，后一种形态主要是在新解放区。这里分别举例说明。

① 《中国人民解放军总部发言人为英国军舰暴行发表的声明》(一九四九年四月三十日)，《毛泽东选集》(第4卷)，人民出版社1991年版，第1460页。

1948年成立的华北人民政府所建立的政权形态可以说是第一种形态。根据1948年8月16日华北临时人民代表大会通过的《华北人民政府组织大纲》规定，华北人民政府设立华北人民政府委员会。从其规定来看，主要包括以下内容：一是华北人民政府委员会的组成。其由委员25人至39人组成之，其委员由本届华北临时人民代表大会及其后举行之华北人民代表大会选举之。华北人民政府设主席1人，副主席3人，由华北人民政府委员会委员互选之。二是华北人民政府的职权。其包括：其一，华北人民政府综理全华北区政务，并根据华北临时人民代表大会及华北人民代表大会所通过之施政方针及决议案制定实施条例及规程。其二，执行华北临时人民代表大会及华北人民代表大会决议之事项。其三，组织人力、物力、财力支援前线事项。其四，华北人民代表大会及其他各级人民代表大会之选举事项。其五，行政区划及各级人民政府组织设施事项。其六，任免华北人民政府各部、院、厅长、各会主任、华北银行总经理及行署主任级以上人员。其七，全区预算决算事项。其八，关于全区生产建设、财经设施、土地、户籍、文化教育、公安、司法之方针、计划等事项。其九，关于全区人民武装之组织事项。其十，其他重大事项。三是华北人民政府的组成。其包括民政部、教育部、财政部、工商部、农业部、公营企业部、交通部、卫生部、公安部、司法部、华北财政经济委员会、华北水利委员会、华北人民法院、华北人民监察院、华北银行和秘书厅。由此可见，华北人民政府以及所设立的华北人民政府委员会构成了这一政权形态的基本结构，而这个政府所包括的权力涉及了所有国家权力，因此，其显然具有权力集中的色彩。

1949年成立的长沙市军事管制委员会代表了第二种政权形态。根据1949年8月20日公布的《中国人民革命军事委员会长沙市军事管制委员会组织条例》规定，该机构在中国人民革命军事委员会与华中军区领导下，为长沙市和平解放后军管时期内统一领导的军政最高权力机关。其任务中有两项涉及政权的内容：一是发动与组织革命群众团体，建立各界人民代表会；二是发布戒严令或者制定临时法令。此外，该机构设立各个机构：一是警备司令部兼防空司令部；二是市政府；三是财经接管部；四是交通接管部；五是文化接管部；六是公安处；七是秘书处和行政处。也就是说，军事管制委员会集中军事和政务权力，是一种高度权力集中的体制。对此，有作者认为："军事管制委员会不是由人民选举产生，而是由解放军总部及军区委任人员组成。因为新解放的城市，反革命势力盘根错节，人民对党还缺乏深入的理解，群众尚未组织起来，在这种情况下，根本不具备实行民主选举的条件。军事管制委员会，从形式上看，确是一个军事性质的高度集中的对敌专政机构。"①当然，这一机构只具有临时性质，因此并不属于常态的政权形态。

因此，这里以华北人民政府为这一时期政权形态的形式。华北人民政府的权力来源是华北临时人民代表大会，因此，其显然已经完全不同于统治权类型。

第四节　新中国成立初期的政权类型

一、新中国成立初期的政权观念

1949 年 6 月 30 日，毛泽东发表了《论人民民主专政》一文，其中表达了新中国初期的政权观念。该文使用了许多权力词汇，如"专政"、"独裁"、"国家权力"、"极权"、"政权"等词汇。例如，"我们和资产阶级政党相反。他们怕说阶级的消灭，国家权力的消灭和党的消灭。我们则公开声明，恰是为着促使这些东西的消灭而创设条件，而努力奋斗。共产党的领导和人民专政的国家权力，就是这样的条件"。② 这里强调了对待阶级、国家权力和政党的不同态度。又如，"'你们独裁。'可爱的先生们，你们讲对了，我们正是这样。中国人

① 张希坡、韩延龙主编：《中国革命法制史》，中国社会科学出版社 2007 年版，第 109 页。

② 《论人民民主专政》（一九四九年八月三十日），《毛泽东选集》（第 4 卷），人民出版社 1991 年版，第 1468 页。

民在几十年中积累起来的一切经验，都叫我们实行人民民主专政，或曰人民民主独裁，总之是一样，就是剥夺反动派的发言权，只让人民有发言权。”①这里将专政、独裁等概念与人民民主相联系。再如，“人民是什么？在中国，在现阶段，是工人阶级，农民阶级，城市小资产阶级和民族资产阶级。这些阶级在工人阶级和共产党的领导之下，团结起来，组成自己的国家，选举自己的政府，向着帝国主义的走狗即地主阶级和官僚资产阶级以及代表这些阶级的国民党反动派及其帮凶们实行专政，实行独裁，压迫这些人，只许他们规规矩矩，不许他们乱说乱动。如要乱说乱动，立即取缔，予以制裁。对于人民内部，则实行民主制度，人民有言论集会结社等项的自由权。选举权，只给人民，不给反动派。这两方面，对人民内部的民主方面和对反动派的专政方面，互相结合起来，就是人民民主专政”。② 这里明确了民主和专政的范围。此外，“骂我们实行‘独裁’或‘极权主义’的外国反动派，就是实行独裁或极权主义的人们。他们实行了资产阶级对无产阶级和其他人民的一个阶级的独裁制度，一个阶级的极权主义”。③这里则将独裁和极权主义与外国反动派相联系。最后，“革命的专政和反革命的专政，性质是相反的，而前者是从后者学来的。这个学习很要紧。革命的人民如果不学会这一项对待反革命阶级的统治方法，他们就不能维持政权，他们的政权就会被内外反动派所推翻，内外反动派就会在中国复辟，革命的人民就会遭殃”。④ 这里则将专政与革命、反革命相联系，也将统治方法、政权等概念和反动派相联系。从上述用法来看，主要在于人民民主专政和资产阶级专政的对立，也就

① 《论人民民主专政》(一九四九年八月三十日)，《毛泽东选集》(第4卷)，人民出版社1991年版，第1475页。

② 《论人民民主专政》(一九四九年八月三十日)，《毛泽东选集》(第4卷)，人民出版社1991年版，第1475页，

③ 《论人民民主专政》(一九四九年八月三十日)，《毛泽东选集》(第4卷)，人民出版社1991年版，第1478页。

④ 《论人民民主专政》(一九四九年八月三十日)，《毛泽东选集》(第4卷)，人民出版社1991年版，第1478页。

是革命的专政和反革命的专政的对立。其显然在肯定前者，而否定后者。

而从新中国成立初期公布的《共同纲领》来看，其对“统治”、“政权”和“主权”进行了规定。关于“统治”，序言规定，中国人民解放战争和人民革命的伟大胜利，已使帝国主义、封建主义和官僚资本主义在中国的统治时代宣告结束。中国人民由被压迫的地位变成为新社会新国家的主人，而以人民民主专政的共和国代替那封建买办法西斯专政的国民党反动统治。从其用法来看，统治是与帝国主义、封建主义和官僚资本主义相联系，也与国民党相联系。关于“主权”，第 10 条规定，中华人民共和国的武装力量，即人民解放军、人民公安部队和人民警察，是属于人民的武力。其任务为保卫中国的独立和领土主权的完整，保卫中国人民的革命成果和一切合法权益。中华人民共和国中央人民政府应努力巩固和加强人民武装力量，使其能够有效地执行自己的任务。第 54 条规定，中华人民共和国外交政策的原则，为保障本国独立、自由和领土主权的完整，拥护国际的持久和平和各国人民间的友好合作，反对帝国主义的侵略政策和战争政策。第 56 条规定，凡与国民党反动派断绝关系、并对中华人民共和国采取友好态度的外国政府，中华人民共和国中央人民政府可在平等、互利及互相尊重领土主权的基础上，与之谈判，建立外交关系。这些条文对“主权”的用法基本上是指领土主权，也就是在对外关系场合来使用的。而关于“政权”，第 12 条规定，中华人民共和国的国家政权属于人民。人民行使国家政权的机关为各级人民代表大会和各级人民政府。各级人民代表大会由人民用普选方法产生之。各级人民代表大会选举各级人民政府。各级人民代表大会闭会期间，各级人民政府为行使各级政权的机关。国家最高政权机关为全国人民代表大会。全国人民代表大会闭会期间，中央人民政府为行使国家政权的最高机关。第 14 条第 1 款规定，凡人民解放军初解放的地方，应一律实施军事管制，取消国民党反动政权机关，由中央人民政府或前线军政机关委任人员组织军事管制委员会和地方人民政府，领导人民建立革命秩序，镇压反革命活动，并在条件许可时召集各界人民代表会议。从其用法来看，政权主要是指国家政权，偶尔也在特定场合与国民党相联系。关于“国家权力”，第13条第2款规定，在普选的全国人民代表大会召开以前，由中国人民政治协商会议的全体会议执行全国人民代表大会的职权，制定中华人民共和国中央人民政府组织法，选举中华人民共和国中央人民政府委员会，并赋之以行使国家权力的职权。从其用法来看，国家权力是和中国人民政治协商会议的全体会议以及中华人民共和国中央人民政府委员会相联系的，其主要指其职权。

由此可见，不同权力词汇的用法存在很大的差异，这种差异反映了当时人们对政权的基本认识。

二、新中国成立初期的政权形态

新中国成立初期所建立的政权形态又是何种形态呢。对此，《共同纲领》草案中说明，新民主主义的政权制度是民主集中制的人民代表大会的制度，它完全不同于旧民主的议会制度，而是属于以社会主义苏联为代表的代表大会制度的范畴之内的，但是也不完全同于苏联制度，苏联已经消灭了阶级，而我们则是各革命阶级的联盟。我们的这个特点，就表现在中国人民政协会议的形式上。政府各部门和现在各地的人民代表会议以及将来的人民代表大会都将同样表现这个特点。从人民选举代表、召开人民代表大会、选举人民政府直到由人民政府在人民代表大会闭会期间行使国家政权的这一整个过程，都是行使国家政权的民主集中的过程，而行使国家政权的机关就是各级人民代表大会和各级人民政府。从其表述来看，民主集中制的人民代表大会制度就是这一时期的政权制度。而从其权力结构安排来看，其有以下特点：

第一，中央人民政府委员会领导国家政权。根据规定，中国人民政治协商会议的全体会议选举中华人民共和国中央人民委员会，并赋之以行使国家权力的职权。同时，中央人民政府委员会对外代表中华人民共和国，对内领导国家政权。这表明，该委员会行使的权力是全面的。

第二，中央人民政府委员会组织国家机构。根据规定，中央人民政府委员会组织政务院，以为国家政务的最高执行机关；组织人民革命军事委员会，以为国家军事的最高统辖机关；组织最高人民法院及最高人民检察署，以为国家的最高审判机关及检察机关。由此可见，中央人民政府委员会组织产生了政务机关、军事机关、审判机关和检察机关。

第三，中央人民政府委员会的职权是全面的。根据规定，其包括：一是制定并解释国家的法律，颁布法令，并监督其执行；二是规定国家的施政方针；三是废除或修改政务院与国家的法律、法令相抵触的决议和命令；四是批准或废除或修改中华人民共和国与外国订立的条约和协定；五是处理战争及和平问题；六是批准或修改国家的预算和决算；七是颁布国家的大赦令和特赦令；八是制定并颁发国家的勋章、奖章，制定并授予国家的荣誉称号；九是任免各项政府人员，包括政务院、各大行政区和各省市人民政府、驻外机构、人民革命军事委员会、最高人民法院、最高人民检察署；十是筹备并召开全国人民代表大会。其职权广泛涉及立法、行政、司法等权力。

由此可见，中央人民政府委员会是一种特殊的政权形态，其职权几乎无所不包。对此，理论上虽然对其评价很高，但是这种权力结构安排的分析却并不多见。例如，有学者认为："中国人民政协第一次全体会议所确立的权力配置模式，是一种'三权合一'（即'议行合一'）的政体。"①这种说法实际上来自于当时人们的认识。1949 年 9 月 22 日，董必武在人民政协第一届全体会议上的报告中指出："民主集中制的提出，正是针对着旧民主主义三权分立的原则。欧美资产阶级故意把他们专政的政府分为立法、行政与司法三个机体，使之互相矛盾，互相制约，以便于他们操纵政权。旧民主主义的议会制度是资产阶级中当权的一部分人容许另一部分的少数人，所谓反对派，在议会讲台上去说空话，而当权者则紧握着行政权柄，干有利于本身统治的工作。这是剥削阶级在广大人民面前玩弄手腕、分取赃私干出来

① 石柏林：《旧中国宪法五十年——国家权力配置研究》，湖南人民出版社 2008 年版，第 484 页。

的一种骗人的民主制度。司法是最精巧的统治工具，同样是为当权的阶级服务的。我们不要资产阶级骗人的那一套，我们的制度是议行合一的，是一切权力集中于人民代表大会的政府。”①笔者以为，按照其说明，不仅中国人民政协第一次全体会议所代行的国家权力，而且中央人民政府委员会所领导国家政权，均属于“议行合一”的，也就是这种权力分配也不仅仅针对三权，而且其本身包含的权力类型可以说更为广泛。同时，这种权力体制不仅仅是针对资产阶级的三权分立而言的，而且具有不同于以往统治权形态而言的。然而，从目前研究来看，后者似乎并没有注意到。因此，从工农民主政权时期的中央执行委员会制、抗日民主政权时期的政府委员会制乃至解放区政权时期的政府委员会制，其基本上均具有权力合一的特色。而之所以能够将这些政权形态视为一种不同于统治权形态，就在于这种政权形态始终是建立在人民代表机构之上的，也就是说，人民代表机构是这些政权权力来源即人民的代表，缺少了这一个代表，这些政权形态的正当性就存在很大的问题。而统治权形态的最大缺陷就在于其始终缺乏民主正当性。可以说，政权形态与统治权形态的差异也在于这一点，而不是所谓的权力是分立的还是合一的。

第五节　宪法时期的政权类型

1954年9月20日，第一届全国人民代表大会第一次会议举行全体会议通过了《中华人民共和国宪法》，从此，新中国进入了宪法时期。尽管这一宪法时期历经曲折，但是宪法的传统最终得以延续。由于1954年宪法先后经过了1975年、1978年、1982年四次大的修改，加上一些小的修改，且跨越了较长的历史时期，因此这里主要分析1954年《中华人民共和国宪法》时期的政权形态。

① 许崇德：《中华人民共和国宪法史》（上卷），福建人民出版社2005年版，第63页。

一、宪法时期的政权观念

如果比较1954年、1975年、1978年和1982年四次宪法修改，我们可以发现其在权力词汇的使用上基本上呈现出同质性，无论是“权力”、“统治”、“主权”等。尤其是其对“统治”的用法更是非常独特，这里可以从1954年宪法草案说明中集中展现了这一点。从宪法草案说明来看，“统治”一词基本上集中体现在第一部分“中华人民共和国宪法草案是历史经验的总结”中。其在讨论中国近代关于宪法问题和宪政运动的历史经验时常常使用“统治”概念。例如，“这一派和改良派不同，他们抱着建立资产阶级民主共和国的理想而进行推翻清朝统治的革命斗争，这就比改良派大进了一步”、“清朝的统治，在革命势力迅速发展的情势下，已经不能维持下去。为了维持自己的统治，为了欺骗人民和抵制人民的革命，在将近五十年前，清朝统治者宣布了‘预备立宪’，并且在1908年公布了一个‘宪法大纲’”、“在1911年10月10日爆发的辛亥革命推翻了清朝的统治，结束了中国两千多年来的封建帝制，产生了中华民国和以孙中山为首的革命的南京临时政府，并产生了一个临时约法”、“这次革命终于失败了，袁世凯领导的反动派篡夺了国家权力。从此中国就进入各派北洋军阀统治的时期，临时约法被撕毁，‘中华民国’变为名不副实的空招牌”、“在北洋军阀的统治下，中国的状况越来越坏”、“北洋军阀中最后一个所谓大总统曹锟，为了继续维持军阀的统治，在1923年公布了一个骗人的‘宪法’、”“在过去相继统治中国的几个反动政府中，蒋介石国民党政府是最后的一个反动政府，它是从来不要宪法的。但当它垂死的时候，也想用一个伪宪来救自己的命。它在1946年制造的那个伪宪受到中国共产党、中国各民主党派和全国人民的坚决反对，结果同过去的反动政府一样，在蒋介石公布他的伪宪以后不到三年的时候，他的统治就彻底垮台了”、“这些封建买办阶级的反动统治者是连资产阶级民主也反对的。他们本来不要任何宪法，所以总是要拖到他们的反动统治在革命力量的打击下摇摇欲坠，他们的末日已经临近的时候，才制造一种骗人的‘宪法’，其目的是想利用一些资产阶级宪法的形式装点门面，使他们的反动统治能够苟延残喘”、“封建买办阶级的反动统治者几次用来骗人的伪宪，都不能使人民上当，都受到人民的抵制”、“我国已经结束了在外国帝国主义统治下的殖民地和附属国的地位，成了一个真正独立的国家”、“我国已经结束了年代久远的封建主义的统治”、“美国帝国主义和蒋介石卖国集团向我们说：我国应当回到殖民地和封建统治的老路上去。据说我国人民正处在‘黑暗生活’中，他们应当来‘解放’我们，中华人民共和国应当推翻，他们的反动统治应当复辟，那就是说，我国人民应当再回到帝国主义、封建主义和官僚资本主义的血腥统治下面去”等组合方式。从其用法来看，其出现了“清朝统治”、“北洋军阀统治”、“蒋介石的统治”、“反动统治”、“反动统治者”、“外国帝国主义统治”、“封建主义的统治”、“殖民地和封建统治”等方式，也就是统治词汇基本上是在否定的立场来使用的。其显然意在否定这种统治的存在。当然，这并不是说，其不存在其他类型的组合方式，而是说，上述组合方式显然更为频繁。值得注意的是，这种用法在革命根据地时期始终存在。而1975年、1978年以及1982年宪法虽然均提到了“统治”词汇，但是只偶尔提及。

此外，“主权”词汇的用法主要是在国家对外关系场合使用的。而“权力”则取代“政权”成为宪法时期最为核心的词汇，其主要采用“一切权力属于人民”等组合方式，表达了一种民主正当性的话语。

二、宪法时期的政权形态

从共同纲领时期到宪法时期，其在政权上的最大不同就在于中央人民政府委员会不再存在。而从宪法规定来看，其将国家机构划分为全国人民代表大会、中华人民共和国主席、国务院、地方各级人民代表大会和地方各级人民委员会、民族自治地方的自治机关以及人民法院和人民检察院。这种国家机关体系代表了宪法时期的政权形态，体现了权力体系的内部平衡。显然这种政权形态既不同于共同纲领时期的中央人民政府委员会制度，也不同于旧中国时期的统治权形态，而是一种宪法意义上的政权形态。首先，其设置了一个最高国家权力机关。其第21条规定，中华人民共和国全国人民代表大会是最高国家权力机关。其次，全国人大常委会、国务院、最高人民法院和最高人民检察院等机构均是平行机关，彼此分立。这种平行关系存在两种约束：一是其均对全国人大负责，二是国务院等其他国家机构均需对全国人大常委会负责。这里需要注意的是，与人们常常将全国人大常委会也视为最高国家权力机关的看法不同，全国人大常委会只是最高权力机关的常设机关。同时，这种国家机构的分工形态显然和通常意义上的三权分立不同。对此，有学者认为："当然，这种变化与西方的'三权分立'仍是根本不同的，因为最高人民法院和最高人民检察院同国务院一样，仍须对全国人民代表大会负责并报告工作；在全国人大闭会期间，对全国人大常委会负责并报告工作。这就是说，最高司法权同最高行政权一样，仍须受最高立法权的制约和监督，而不是三权平行，互相制衡。因此，这种体制仍是一种'议行合一'的体制，只不过不像此前中央人民政府委员会集立法、行政、司法三权于一身那么典型，但这种变化却是一大进步，应该予以肯定。"①虽然其认识到了与"三权分立"的区别，却忽视了其中的制约关系，因此有所偏颇。最后，国家主席在权力体系中具有特殊的地位。国家主席由全国人大选举，其行使职权分为两种情况：一是根据全国人大的决定和全国人大常委会的决定；二是独立行使职权。最引人瞩目的是，五四宪法明确规定了国家主席担任国防委员会主席，从而使其获得武装力量统率权；而且进一步规定国家主席在必要的时候召开最高国务会议，并担任最高国务会议主席，从而使其对全国人大及其常委会、国务院或者其他有关部门产生影响。这两种制度安排无疑提升了国家主席在国家权力体系中的地位。在某种意义上说，国家主席成为国家权力运行的中心地位。不过，由于这种权力运行必须是在全国人大及其常委

① 秦立海：《民主联合政府与政治协商会议——1944—1949年的中国政治》，人民出版社2008年版，第496-497页。

会的制约下展开的，所以，宪法时期的政权形态已经超越了以往历史中的所有政权形态。无论从民主正当性还是从国家权力安排来看，其均体现了宪政的基本形态。

第六章　统治权类型分析

"统治权"及其相关概念在近现代中国宪法史中的频繁出现，意味着"统治权"构成了近现代中国人认识宪法的基本概念，也彰显了统治权类型的特殊价值。从目前研究来看，统治权问题已经开始引起学者的关注，并提出了不同于以往研究的看法。例如，叶斌指出，孙中山与袁世凯围绕统治权来源问题的斗争代表着两种政权观念的较量（孙中山的"人民创建论"和袁世凯的"因袭君权论"），不过，在理论上，这是两种对立的关于政治权力正当性理论，在实践中，孙中山也有模棱两可的时刻，袁世凯则常有左右逢源的图谋，因此，辛亥革命过程中南北和谈、皇帝被迫退位的特殊经历，造成了有关统治权来源的双重理论。① 又如，高全喜教授在重新解读《清帝逊位诏书》时认为，《临时约法》除了存在革命建国和人民制宪两个宪法短板之外，还有一个"宪法"而非"宪法律"的问题，即"统治权"问题；进一步认为，由于有关宪法创制的革命建国与人民制宪权问题没有达成共识，所以，国家制度的统治权问题就不能妥善解决。② 总体来说，这些研究比较侧重于宏观分析，而没有注意到统治权类型的存在具有一定的历史普遍性，从而未能解释其背后的深意。

第一节　统治权类型是特定历史阶段的产物

尽管从概念史来看，"统治"和"统治权"等词汇一直在汉语中使

---

① 参见叶斌：《绝对权力的虚置：民初政治中的主权与统治权问题》，载《史林》2010 年第 6 期。

② 参见高全喜：《立宪时刻：论〈清帝逊位诏书〉》，广西师范大学出版社 2011 年版，第 51-52 页。

用，但是作为一种统治权类型却只是特定历史阶段的产物。从历史阶段来看，其存在于19世纪末期至20世纪上半叶。对于中国宪法史而言，其似乎亦可对应于此一历史阶段。从统治权类型来看，君主统治权形态、都督统治权形态、大总统统治权形态、临时执政统治权形态、大元帅统治权形态、国民党统治权形态基本上均属于这一历史阶段。而从20世纪30年代末开始，这种统治权类型开始被否定，无论在观念上还是在形态上。因此，将统治权类型视为一种始终存在的历史现象至少从历史材料来看是不准确的。

一、统治权类型是一种跨国现象

“统治”、“统治权”词汇的使用更多地受到日本明治宪法的影响，因此，统治权类型绝不仅仅属于近现代中国特有的现象，而具有国际因素。特别是在具有君主制传统的国家，其表现最为明显。近现代中国统治权类型在概念上深受日本明治宪法的影响，因此，有必要了解一下明治宪法使用“统治”和“统治权”的情况。同时，也有必要了解一下是否存在其他国家采用这一概念的情况。

（一）近代日本的统治权类型

对于日本明治宪法与晚清预备立宪的关系，目前研究较多，其集中于对《钦定宪法大纲》和《明治宪法》的比较。从这种对比中，我们可以发现“统治”、“统治权”和“大权”词汇的使用情况。问题在于，明治宪法是如何使用这些词汇的？根据近现代中国人使用的明治宪法中译本①来看，将其翻译为《日本帝国宪法》。该宪法不仅使用了“统治”、“统治权”词汇，而且提到了“大权”词汇。第一，“统治”的用法。该法第1条规定，大日本帝国，由万世一系之天皇统治之。从使用方式来看，其显然是一个动词。第二，“统治权”的用法。该法第4条规定，天皇，为国之元首，总揽统治权，依本宪法条规行之。从使用方式来看，“统治权”是一个名词。第三，“大权”的用法。该法第

① 国民政府立法院编译处：《各国宪法汇编》，汉文正楷书局1933年初版，第827-833页。

17 条规定，设置摄政，依皇室典范之规定。摄政奉天皇之命行使大权。第 31 条规定，本章所列条规，在战时或国家事变之际，并不妨碍天皇大权之施行。第 67 条规定，凡基于宪法上大权之已定之岁出，及由法律之结果，或法律上属于政府义务之岁出，非经政府统一，帝国议会不得废除或削减之。这里的“大权”显然有特定的含义，其指具体的至高的权力。值得注意的是，明治宪法没有使用“行政权”词汇，而使用了“立法权”和“司法权”词汇。其第 5 条规定，天皇以帝国议会之协赞，行使立法权。第 57 条规定，司法权由法院以天皇之名，依法律行之。这种概念上的使用绝不是无心之举。因此，以三权分立观念来看待明治宪法的做法在某种意义上是偏颇的。

对于明治宪法所建构的统治权形态，目前研究较多。尽管议会、内阁、法院以及军部、枢密院在组织上相互独立，但是在与天皇的关系上，其均处于附属地位。也就是说，这些机构的权力均不能凌驾于天皇大权之上。这种权力结构安排体现了天皇总揽统治权的形态。

正是由于明治宪法所形成的这种统治权形态的示范，所以，《钦定宪法大纲》也采取统治权形态。不过，由于君主制的差异，因此，《钦定宪法大纲》采用了“君上”的概念，而摒弃了“天皇”的概念。这种借用体现了日本对近代中国立宪的影响，也使得统治权类型呈现出国际性元素。

（二）近代泰国的统治权类型

1932 年，暹罗国实行君主立宪制，颁布《暹罗国宪法》。这里的暹罗也就是现在的泰国。有意思的是，宪法中译本却使用了“统治权”。这种用法在当时翻译的各国宪法中颇为特殊。该宪法第 2 条规定，统治权出自暹罗国人民。国皇为国家元首，依照本宪法之规定行使统治权。① 该条规定了两个部分：一是统治权的来源；二是统治权的行使。从用法来看，其并没有使用当时流行的词汇“主权”，而使用了一个与日本明治宪法相同的词汇“统治权”。这种情况的出现有

① 国民政府立法院编译处：《各国宪法汇编》，汉文正楷书局 1933 年初版，第 951 页。

两个原因，要么暹罗宪法的确参考了日本明治宪法，要么民国时期人们在翻译时故意将“主权”翻译成“统治权”。如果属于前一种情况的话，那么，这说明，日本明治宪法不仅对近现代中国立宪起到了作用，而且对其他国家也起到了示范作用。如果属于后一种情况的话，那么，这表明“统治权”和“主权”在某种意义上可以互释。值得注意的是，《暹罗国宪法》却使用了“立法权”、“行政权”和“司法权”。这种做法与明治宪法显然不同，

所以，笔者以为，尽管该宪法的中译本使用了“统治权”，但是其权力结构与明治宪法所确立的统治权类型不同。除了上述第 2 条规定之外，其第 6 条规定，国皇依国会之奏请且经其同意行使立法权；第 7 条规定，国皇以国务院行使行政权；第 8 条规定，国皇以依法设立之法院行使司法权。从这些条款来看，国皇在行使立法权、行政权和司法权时必须经过国会、国务院和法院。这种权力结构安排显然和天皇总揽统治权的形态并不完全相同，因为后者要求议会协赞和大臣辅弼。

不过，无论如何，统治权类型的确存在于近代日本和近代中国，这种跨国的宪法现象值得人们思考。

二、统治权类型是一种政治现象

从“统治”、“统治权”等权力概念的用法来看，不同政权对这些权力概念的表述差异很大。这种现象的出现显然并不是无心之举。统治权类型的差异实际说明了不同政治力量的认识差异，因为“正是通过‘概念’，不同的社会阶层及各种政治派别才得以表达他们的经验、预期和行动”。① 所以，“统治权”概念在不同宪法类型中的表达差异，实际上反映了不同政治力量在利用这个概念武器从事政治斗争。

① ［英］伊安·汉普歇尔-蒙克：《引论》，伊安·汉普歇尔-蒙克主编：《比较视野中的“概念史”》，周保巍译，华东师范大学出版社 2010 年版，第 2 页。

这种现象在概念史中被称为“概念的政治化”。① 由于“统治权”这个从日本吸收过来的新概念可以为不同政治力量所用，所以，“统治权”就成为相互竞争的政治集团或团体的目标。这就可以理解为什么同一个概念会出现在各种宪法文本之中？而概念的政治化过程实际上就是政治合法性形成的过程。对此，当时人们的认识是非常自觉的。例如，前述叶斌所讨论的民初时期，以孙中山为代表的南方政治集团和以袁世凯为代表的北方政治集团在政权来源问题上的争论集中反映了这一点。这一争论至1913年，袁世凯的宪法顾问有贺长雄重新论及袁世凯权力的来源问题。可见，其所关注的焦点是“统治权”问题，而不是“主权”问题，因为，在《临时约法》之后，至少从形式上来说，“主权”始终在“民”这一边，任何政治力量均不可能正面否定这一法政信条。

从近现代中国政治领域来看，统治权概念为不同政治力量所使用，无论是从褒义还是从贬义的角度。例如，关于君主统治权，清廷对此持肯定态度，而革命党人则持否定态度。又如，对于总统制，袁世凯持肯定态度，而国民党人则持否定态度。再如，对于国民党统治权，中国国民党则持肯定态度，而中国共产党和其他党派则持否定态度。而之所以对统治权类型有正面和反面的认识，显然具有其特定的政治立场。有意思的是，虽然在革命根据地时期，“统治”概念依然被广泛使用，但是中国共产党常常运用这个概念对统治权类型进行批判。正是在这种转变中，统治权类型开始在中国共产党所建立的新型政权中消失。而统治权类型在新中国时期始终是一种负面的政治形态。

三、统治权类型是一种法律现象

论者一般认为，“统治权”和“主权”毫无分别。然而，这仅仅是理论上的想象。其一，“统治权”是一个特殊的宪法用语。从时间来

① 参见[英]梅尔文·里克特：《政治和社会概念史研究》，张智译，华东师范大学出版社2010年版，第52页。

看，“统治权”概念在宪法史中至少自1889年明治宪法开始就已经出现；而从空间来看，该概念跨越了近代日本和近代中国，具有国际色彩。这说明，“统治权”在宪法史中具有一定的地位，不能简单地将其与“主权”概念等同。其二，“统治权”在宪法文本中具有独立性。从法律形式上看，相当多的宪法文件均将“统治权”条款作为一个特殊的宪法条款。这种特殊性表现在两个方面：一是在没有“主权”条款的宪法文本中，“统治权”条款独立存在，如1889年明治宪法；二是在存在“主权”条款的宪法文本中，“统治权”条款亦独立存在，如三大约法文件。其三，“统治权”的主体非常特殊。正如前面所述，“统治权”在宪法文本中要么是与一个主体相联系，要么是与多个主体相联系。这种主体的差异性集中展现了“统治权”的法律功能，即为相应主体提供合法性话语。也就是说，无论是哪一个主体，均试图通过“统治权”来表达自己的观念。所以，任何将“统治权”简单地解释为“主权”的同一物，至少从历史来看是不妥当的，其是一个单独的法律词汇。

问题在于，既然“统治权”是一个独立的法律用语，那么，为什么在若干宪法文件中会出现“主权”和“统治权”并列的现象？尤其是在“主权”条款存在的情况下，“统治权”条款却发生了诸多变化？对于这一宪法现象，笔者以为，这是历史变迁的产物。假设孙中山在《临时约法》制定过程中没有提出“主权在民”条款，那么，这个问题就不会出现，也就不会聚讼纷纭。① 但是，从宪法史来看，《临时约法》首度将“中华民国之主权，属于国民全体”条款纳入根本法之中，由此开创了一个经典立法例，形成了“主权在民”的法律信条。② 而这种法律信条一旦形成，就不容人们质疑。因为“‘信条’是由某些概念长期固定地联系而形成的一部分基本命题。这些基本的命题因权威

---

① 这里需要注意的是，1889年明治宪法本身亦无“主权”条款。

② 参见钱宁峰：《辛亥以来“主权在民”条款的中国式阐释》，载《法学研究》2011年第5期。

的言论或经典著作的阐述，具有毋庸置疑的正确性”。① 因此，我们可以理解，从《临时约法》到《中华民国约法》再到《中华民国训政时期约法》，尽管“统治权”条款发生了深刻的变化，但是“主权在民”条款始终具有稳定的表象（当然，《中华民国约法》的表述有差异）。也就是说，立法者一方面必须至少在表面上尊重“主权”条款，另一方面根据自己的需要对“统治权”条款进行了改造，从而使得“统治权”概念出现了多重含义。这种“主权”与“统治权”双层结构正体现了“统治权”概念的独立性。此外，除了三大约法之外，其他宪法文件均未规定“主权在民”条款。这种法律现象也说明统治权类型的特殊性。

第二节 统治权类型的界定

统治权类型是一种非常独特的历史现象。就近现代中国而言，统治权类型从君上大权制到国民党训政制，至少存在于20世纪上半叶。那么，如何界定这种统治权类型呢？由于“统治权”等相关词汇的用法不一，因此，要对其含义进行明确似乎存在相当大的困难。不过，尽管这种类型虽然表现形式不一，但是其仍然具有某种一致性，也就是说，肯定统治权这种权力形态的存在，这就决定了统治权类型的界定必须围绕着宪法文件来展开。

一、统治权概念的含义

笔者曾经围绕统治权在近现代中国宪法文件中的用法，将其界定为“大权”、“主权”和“国家权力”三种含义。② 而统治权类型中的“统治权”实际上可以用“大权”来界定。之所以这样界定，原因在于这种权力概念既不能等同于“主权”，也不能等同于通常所说的立法

① 陈晓枫主编：《中国法律文化研究》，河南人民出版社1993年版，第30-31页。

② 钱宁峰：《“统治权”：被忽视的宪法关键词》，载《中外法学》2012年第1期。

权、行政权和司法权等国家权力。而从统治权类型来看，“主权”问题和国家权力分配问题可以不考虑，但是统治权概念必定是统治权类型的核心问题。而对此权力概念的理解也必须结合权力理论来认识。

从历史上来看，权力是政治理论的研究课题之一。然而，诸如权力的含义、特征以及性质等问题引起了许多学者的争论。在宪法领域中，随着分权理论的流行，权力三分的范式几乎成为人们认识国家机构的基本认识。然而，从历史来看，这种权力三分的模式存在很大的缺陷，因为其忽视了“主权”等其他种类的权力。实际上，权力概念的划分也需要根据实际情况而定，而不能一概而论。例如，军事权到底属于行政权还是一种独立于行政权的权力，这一问题显然值得重新认识。而从前述统治权类型来看，军事权似乎始终不属于行政权的范围，而属于一种独立于行政权的权力，其在统治权的范围之内。这说明，统治权是一种不同于立法权、行政权和司法权的权力，并高于这些权力。

所以，笔者将统治权概念界定为一种至上的权力。所谓至上，就是唯一的最高权力，而不可能有另一个权力与之并行。

二、统治权类型的基本特征

不同学者对权力的界定不同决定了权力特征的差异。例如有学者将法律上的权力特点分为：以合法性为前提；公益性；具有合法侵害能力和处分公共产品的能力；不可放弃；自发集中。① 不过，这种权力显然是法制化后的权力特点。而统治权类型显然不能简单地用一般权力的特点来描述。近现代中国统治权类型带有强烈的传统君权色彩，因此，有必要认识到其具有不同于其他权力的特点。正如刘泽华教授所提出的，要理解传统中国，就必须从王权主义入手。② 而要理解近现代中国，就必须从统治权类型入手。在传统中国，以王权为中

① 周永坤：《规范权力——权力的法理研究》，法律出版社 2006 年版，第 143-150 页。

② 刘泽华：《王权思想论》，天津人民出版社 2003 年版，自序第 2-3 页。

心的权力系统的特点为：首先，一切权力机构都是王的办事机构或派出机构。其次，王的权力是至上的，没有任何有效的、有程序的制衡力量，王的权威是终身的和世袭的。再次，王的权力是无限的，在时间上是永久的，在空间上是无边的，六合之内，万事万物，都属于王权的支配对象。这并不是它包揽一切，而是王权恢恢，疏而不漏，它要管什么，就可以管什么。就某些人事而言，可以同它拉开一定距离，所谓“不事王事”，但不能逃脱它。最后，王是全能的，统天、地、人为一体，所谓大一统是也。① 不过，这种王权形态在近现代中国时期开始走向瓦解，而统治权类型的出现表明传统王权形态开始呈现出新的形式。而原有王权形态的基本特征显然依然存在于统治权类型之中。例如，在描述国民党的本性时，戴季陶曾提出：“要图中国国民党的生存，一定要充分发挥三民主义的中国国民党之生存欲望所必须具备的独占性、排他性、统一性、支配性。”②这里所说的“独占性”、“排他性”、“统一性”和“支配性”直接点明了中国国民党所具有的权力特性。事实上，这四个要素也适用于近现代中国的统治权类型。

（一）统治权类型的独占性

统治权类型的独占性是指只有一个权力主体占有国家权力，而不允许其他权力主体染指。例如，君上大权不能允许资政院染指。又如，国民党不允许其他党派的存在。显然，这种所说的独占性并不是说这个权力主体事实上去占有，而是说，无论是观念上还是在法理上，这个权力主体均可以获得对国家之内的人和物的当然的控制权。只要他愿意，他就可以去做，而不需要法律的授权，而被认为是当然的权力。

---

① 刘泽华：《中国的王权主义——传统社会与思想特点考察》，上海人民出版社2000年版，引言第3页。

② 戴季陶：《国民革命与中国国民党导言》，陶希圣主编：《戴季陶言行录》，上海广益书局1929年版，第204页。转引自王兆刚：《国民党训政体制研究》，中国社会科学出版社2004年版，第80页。

例如，面对外界对国民党一党专政的质疑时，汪精卫公开声称："国民党的政权，是费代价而来的，谁个不愿意，也须费点代价，想政府无故而拱让，是做不到的。"①又如，1935年，面对一些体制外知识分子公开要求国民党信守承诺，结束训政的问题，时任国民党中央组织部长的张厉生发表言论："须知中华民国，乃总理所缔造，无论在任何时期内，不容他党之并存，更不容他党之执政"；"为开放政权之说者，实未加深思，本党既未从民众手里夺取政权……本党之政权乃从满清及北洋军阀手里取得，换言之，则人民已失去政权，本党从而收回之。"②张厉生和汪精卫的言论显示了独占意识，这种意识不仅否定了人民的存在，而且也排斥了其他政治团体。

由此可见，统治权类型显示出一种非常强烈的独占品性，这种品性显然是传统中国君主"贵独"意识的现代表现形式。③

（二）统治权类型的排他性

统治权类型的排他性意味着统治权主体不允许其他权力主体的存在。任何其他权力主体的形成均是对统治权主体的威胁。例如，在君主立宪时期，虽然允许结社，这种结社是不以危害君主安危为前提的。又如，北洋军阀对国民党人的镇压。再如，国民党对中国共产党的镇压等。可见，统治权类型本身意味着这种权力具有排他性。

（三）统治权类型的统一性

统治权类型的统一性意味着这种权力并不是受到制约的。尽管日本明治宪法在规定君主总揽统治权时还规定了"按宪法规定行之"，但是天皇大权本身的范围是相当广泛的。而近现代中国的统治权类型却从不规定类似的条款。这种做法恰恰反映了近现代中国统治权类型同明治宪法所规定的统治权类型不同。对此，伊藤博文在制定明治宪

① 王奇生：《党员、党权与党争：1924—1949年中国国民党的组织形态》，上海书店出版社2003年版，第151页。

② 王奇生：《党员、党权与党争：1924—1949年中国国民党的组织形态》，上海书店出版社2003年版，第153页。

③ 参见刘泽华：《王权思想论》，天津人民出版社2003年版，第84-91页。

法过程中曾经对第4条规定“按宪法行之”进行了解释：“本条是宪法的精髓。所谓实行立宪政治，就是明确限制君主大权……统治权原来是无限的，既然用宪法来限制它，就把它限定在一定范围内执行，不能因为有统治权就随意使用。所以，没有‘按照宪法的条规’这一条，就不是宪法政治，而是无限专制政体。”①由此可见，“按宪法行之”这一条才是真正体现宪法精神的规定。然而，无论是《钦定宪法大纲》、《临时政府组织大纲》、《袁记约法》以及《训政时期约法》等均未规定这一条款。

实际上，这种不受制约的权力可以从两个方面来理解：一是集合性；二是集权性。所谓集合性，就是指这种权力类型本身并不是单一的某一种权力，而是包容了其他的权力种类。只要是这个政权存在的所有权力，在理论上均可以包容于统治权范围之内，既可以是政治权力，也可以是社会权力。而所谓集权性，实际上意味着一元化。也就是说，所有一切权力的运作都要围绕着统治权主体而展开，从而使政权运作呈现出高度的上下一致性。因此，这种权力不受制约性更为强烈，并不需要法律的授权，而作为法律上的权力类型显然不能超越法律所界定的边界。

所以，统治权类型的不受制约性显然是与立宪主义所要求的权力制约有着很大的不同。然而，统治权类型的不受制约性并不是指这种权力完全不存在约束统治权主体的机制。这种约束机制往往是柔性的调节，而不是刚性的调节，如谏议制度、道德管教制度。②

（四）统治权类型的支配性

这里的支配性是针对社会而言的，而不仅仅是在政权体系之中。一般来说，在民主政体下，无论是立法权，还是行政权和司法权，若要对社会产生支配力，必须有法律的合法授权，同时其控制范围是有

① 肖传国：《近代西方文化与日本明治宪法》，社会科学文献出版社2007年版，第183-184页。

② 参见刘泽华：《王权思想论》，天津人民出版社2003年版，第196-198页。

边界的，例如纯粹的个人自由领域原则上是不受控制的。然而，统治权主体则正好相反，只要有可能，其原则上是可以控制社会的方方面面。只要社会出现了问题，在理论上均属于统治权的管辖范围，也就是说，这种权力可以对社会的方方面面进行延伸。因此，在这种权力的辐射下，社会往往笼罩在统治权主体的影子之下。正如刘泽华在分析中国古代社会结构的特点时指出，中国古代社会结构属于“权力—依附”型结构，这种结构广泛存在于社会生活的各个方面。①

由此可见，统治权类型显然具有双重性，一方面其并不属于宪法秩序下的权力类型；另一方面又表现出宪法秩序下的某些权力结构要素，如立法机构、司法机构等。正因为如此，这种统治权类型始终存在着宪法化的难题。

第三节　统治权类型的权力结构

正如前面所述，统治权类型在法律条文表述上主要采用两种方式：一是“统治”方式；二是“统治权”方式。这两种方式似乎频繁地与“总揽”一词相联系。按照《现代汉语词典》的解释，总揽的意思是“全面掌握”，如总揽大权。② 笔者曾经在分析近现代中国宪法史中的总揽现象时认为，其存在“总揽政务”、“总揽统治权”、“总揽行政权”、“总揽治权”等类型。③ 而与统治权类型直接联系的显然是“总揽统治权”。不过，在历史演变过程中，“总揽统治权”形态出现了一些变异，如“总揽政务”和“总揽治权”。这些权力结构形式代表了当时人们对权力结构的看法。

---

① 参见刘泽华：《中国的王权主义——传统社会与思想特点考察》，上海人民出版社 2000 年版，第 372 页。

② 中国社会科学院语言研究所词典编辑室：《现代汉语词典》，商务印书馆 1983 年版，第 1540 页。

③ 钱宁峰：《从“总揽机关”到“最高机关”：“总揽”现象之宪法史阐释》，载《南京大学法律评论》2011 年秋季卷。

一、"总揽统治权"权力结构

从历史来看，"总揽统治权"形式是最早出现的总揽类型。这一点集中表现为清末君主立宪和民国《袁记约法》之中。①

《钦定宪法大纲》有关条款虽然没有明确采用这种形式，但是在1908年《宪政编查馆资政院会奏宪法大纲暨议院法选举法要领及逐年筹备事宜折》中却明确提到在东西方君主立宪国，宪法大义之一就是"君主总揽统治权，按照宪法行之"，即"立法、行政、司法，则皆综揽于君上统治之大权"。② 这种认识在清廷当局讨论立宪模式中反复强调之。例如，达寿在1908年《考察宪政大臣达寿考察日本宪政情形折》中指出，"例如日本，君主国体也，一姓相传，已立千载，而维新之明治，虽尽变其历古相承之制度，究之大权总揽，仍在天皇，故政体虽尽其翻变之奇，而国体实未有毫发之损"，"君主创业垂统，自当握总揽之大权，皇室则愈见安全，权力固未尝减少"，"君权未尝减少，而此间接政治，既可以安皇室，又可以利国家，元首为其总揽机关，皇室超然于国家之上，法之完全，无过此者"，"大权政治者，谓以君主为权力之中心，故其机关虽分为三，而其大权则统于一"。③ 这里虽然只表述为"大权"，实际上表达了统治权之意。这一点在清末以后的立宪工作中亦反映出来。例如，清末宪政编查馆1910年4月拟定的《钦定行政纲目》规定："谨按宪法大纲，君主立宪政体，君上有统治国家之大权，凡立法行政司法皆归总揽。而以议院

---

① 实际上，《临时政府组织大纲》实际上也属于这一模式，但是由于其未使用"总揽"一词，所以暂不予以讨论。同时，北京政府曾于1927年公布《军政府组织令》，第2条提到"大元帅于军政时期，代表中华民国行使统治权，保障全国人民法律上应享有之权利"，其也属于该种模式。参见缪全吉编著：《中国制宪史资料汇编》，国史馆印行1989年版，第84页。

② 故宫博物院明清档案部编：《清末筹备立宪档案史料》，中华书局1979年版，第56页。

③ 转引自夏新华等整理：《近代中国宪政历程：史料荟萃》，中国政法大学出版社2004年版，第62页。

协赞立法，以政府辅弼行政，以法院遵律司法。”①这种做法体现了立宪政体下君主依然起着主导地位。

而在《袁记约法》出台过程中，特别提到了原案中第14条“大总统为国之元首。大总统代表中华民国”和第15条“大总统总揽统治权，依约法之规定行之”的立法理由。“查原案23条第1项大总统为国之元首，总揽国务第二项大总统代表中华民国。曰元首，曰代表，皆规定大总统机关之地位。盖对内则为元首，对外则代表本国也，似无分立二项之必要，故本案合并为第14条。至总揽国务四字系规定大总统之职权，总揽者，统治权之总揽机关也，国务二字是否即指统治权，殊欠明了。故本案修正其文为总揽统治权。统治权与主权不同，主权为体，统治权为用，共和国家，主权在国而本于民，故原案第2条有主权本于国民全体之规定。统治权之分配各国不同。主张绝对的三权分立之国家，其防制三权混合之意极严，不许沟通，彼此自无总揽机关，但此种制度隐与统治权唯一不可分之理相背，施之实际，窒碍难行。近世宪法学者早抉其弊。原案参稽法理，体验国情，已知总揽机关之宜于设置，即临时约法亦有大总统总揽政务之文。唯国务政务等字尚费解释，故本案修正为总揽统治权而加以依约法之规定行之之一语，以示大总统行使统治权之准则且以明大总统总揽统治权。由于法律之赋予，即由于国民之委托与彼君主国家之君主以统治全国之权为其固有之权能及临时政府组织大纲规定统治权为大总统所有者不同也，因析增第15条。”②这表明，“统治权”的出现是有特殊的理论基础的。不过，在正式公布的袁记约法中，则连“依约法之规定行之”的内容也没有，充分反映了《袁记约法》的本质。

那么，这种“总揽统治权”形式是从哪里来的呢？在目前宪法史研究中，虽然不少学者对《钦定宪法大纲》受日本宪法的影响进行了分析，也就是说，这种形式与日本明治宪法有莫大的关系，但是，在

① 张晋藩：《清朝法制史》，法律出版社1994年版，第700页。

② 顾鼇：《约法会议记录》，文海出版社1966年版，第175-176页。

历史演变中到底如何，则未见详细阐述。对此，民国时期有学者在分析《袁记约法》第 14 条的来源时指出了明治宪法第 4 条的来源。他首先指出，日本宪法自己认为来自普鲁士，但是 1850 年普鲁士宪法并没有普王总揽统治权之说，林乐波因哈克等仍持普王总揽国权之说，愚殊无取，因为普鲁士宪法来源于 1830 年比利时宪法，该宪法体现了权力分立学说的自由主义，所以普鲁士宪法仍然是“民议”的产物。其次指出，明治宪法第 4 条另有来源。实际上，现在许多德意志联邦诸君主国宪法均规定了元首总揽统治权，如拜因等国，而拜因等国宪法取自于 1814 年法国宪章。即使 1814 年法国宪章后来被废除，但包本(波旁——引者注)王家所宣扬之总揽统治权主义，曾无几时又为民主主义所破，一再革命，足以废灭，而拜因诸国至今犹存(1918 年第一次世界大战以前——引者注)，日本又从而师之，国乃日隆。①由此可见，“总揽统治权”形式并非近代中国自己独创的模式，而是明治宪法影响的结果。若追溯更远，可以发现与 19 世纪初期德意志地区君主制宪法之间有着潜在的关联性。当然，这种形式在近代中国的表述方式上存在很大差异，并屡有创新之处。

二、“总揽政务”形式

“总揽政务”形式属于总揽类型的第二种。与上述第一种形式相比，其在表述上具有很大的不同。那么，何以会出现这种非常特殊的形式呢？从历史来看，“总揽政务”主要存在于辛亥革命时期和国民党统治初期。

在辛亥革命时期，这种形式基本上是在以“约法”为名称的宪法文件中予以规定的。其集大成者可以说就是《临时约法》。从《临时约法》规定来看，临时大总统代表临时政府，总揽政务。按照通说，《临时约法》采用了责任内阁制，其意图限制临时大总统的权力。因此，在《临时约法》所确立的政权体系中，整个国家权力的行使必须

---

① 重民：《中华民国之新体制》，国史馆：《中华民国建国文献：民初时期文献(第一辑，史料二)》，国史馆 1998 年版，第 880-882 页。

由参议院、临时大总统、国务员和法院共同进行。这就意味着临时大总统只是其中的一个组成部分。所以，临时大总统不能总揽统治权，而改为总揽政务。

而在国民党统治初期，《训政纲领》颁布之前的《中华民国国民政府组织法》虽然没有使用“总揽”，但是也提到了“政务”，这依然可以将其视为“总揽政务”形式。不过，由于国民政府下设各部和其他机关较多，所以，与辛亥革命时期表述存在一定的差异，因为辛亥革命时期的主体相对来说较为单一，如都督、临时大总统等。当然，这种差异是由于政治体制演变的结果。

然而，“总揽政务”在不同文本之间的文字差异并不意味着其与“总揽统治权”形式有很大的不同。例如，广州国民政府时期的国民政府掌理政务形态在本质上依然是一元化权力结构。况且《临时约法》在实践中很快就被袁世凯所废弃，其恰恰说明临时大总统总揽政务这种权力结构的集权倾向。

三、“总揽治权”权力结构

“总揽治权”形式是总揽类型的第三种，这种形式为国民党统治时期的宪法性文件即《训政时期约法》和《中华民国国民政府组织法》所采用。虽然《国民政府组织法》在演变过程中分别使用了“综揽”和“总揽”两个词汇，但是“总揽治权”成为训政时期的基本权力结构形式。在这种形式下，国民政府包括了立法、行政、司法、考试和监察等权力。那么为何要建立这种权力结构呢？从历史来看，似乎并不清楚。不过，在五五宪草制定过程中，对于国民政府的综合机关角色进行了分析。“盖五权试行之初，计划者颇虑五院各自为政，不相为谋，或且分道扬镳，陷国政于僵局。又尔时委员制之理想，颇见风行。国家元首大权，除必须由个人执行者外，遂以付托于国府委员会以执掌之。此或即当时设置国府委员会之原因。”①由此可见，其当时

① 金鸣盛编著：《国民政府宣布中华民国宪法草案释义》，张研、孙燕京主编：《民国史料丛刊 2 政治·法律法规》，大象出版社 2009 年版，第 138 页。

主要是考虑协调五院之间的关系而设置的，也反映了当时人们的集权观念。

可见，上述三种权力结构所呈现出的总揽意识均反映了不同时期人们相同的集权观念。

第四节　统治权类型的政治模式

尽管统治权类型在不同时期具有相似性，但是在政权组织方式上却表现各一，如君主制、总统制、国民政府制等。这些政权组织形式似乎又不能简单地称为立宪意义上的君主制、内阁制、委员会制和总统制。从表面上看，其通过宪法文件采用了内阁、议会、总统等形式，似乎具备了上述政权组织形式的元素。但是通过前述统治权类型的分析，这些元素并不能代表其本质。目前研究要么只根据其文本形式来分析其政权组织形式，要么则直接否定统治权类型所呈现的政权组织形式，认为其属于专制政体，然而，按照孟德斯鸠对专制政体的界定，其认为“专制政体的原则是一个单独的个人依据他的意志和反复无常的爱好在那里治国”①。而君主政体并不一定就是专制政体，因此，若以专制政体来描述统治权类型所呈现的政治模式显然是不恰当的。这至少在理论上没有进行系统的分析，因为理论需要论证，而缺乏论证的结论只是一种判断，而不是研究，因此，这就有必要寻找统治权类型的政治基础。其实，统治权类型在当时的宪法学中似乎已经有所归类，不过这种分类方式在当代宪法学中已经不存在了。这一点在日本学者对明治宪法所确认的政体形式研究中就已经解决，这就有必要深入分析。

一、日本学者对明治宪法所确认的政体形式的研究

日本学者在研究明治宪法时往往用大权政治制来称呼天皇立宪制。而大权政治制在一般政体理论中很少论及。不过，其在日本学者

① 何华辉：《比较宪法》，武汉大学出版社 1988 年版，第 137 页。

中还有别的称呼，如超然内阁制和官僚内阁制。例如，芦部信喜认为，这种制度表现为，在君主制之下，政府对君主负责，对议会不负任何责任，其代表就是近代德国的君主制，日本《明治宪法》规定的制度也属于这种制度。① 又如，有学者将这种超然内阁制称为官僚内阁制，即“内阁的成立与议会无关，且亦不对议会负责，1848 年的意大利宪法、1850 年的普鲁士宪法及拜恩、萨克森等宪法属之，我国明治宪法在规定上亦属之”。② 实际上，所谓超然内阁制或官僚内阁制很早就为学者所论述。日本著名宪法学家美浓部达吉在进行立宪政体分类研究时就提出了所谓“官僚主义的立宪政体”的名称。他认为：“此地称为官僚主义，就是谓议会没有左右内阁进退的势力，故政府对于议会维持独立的地步，内阁专依君主或大总统的信任而被选任，非依议会的信任如何而进退的。政府与议会，互相独立，于这一点，虽与三权分立主义的立宪政体相类似，然于三权分立主义里面，宪法上的制度，政府与议会是没有交涉的，议会的议员，不许同时为大臣，议会没有质问政府的权能，议院政治为法律上不可能之事；反之，于官僚主义里面，政府与议会于法律上并非没有交涉的；国务大臣可以同时为议员，即不然亦有权出席议会发言，政府有提出法律之权，政府可以解散议会，议会可以质问政府，而课其责任；于这几点，与议院主义的立宪政体没有差异。唯因议会之政治上的势力不足以控制政府，故于政治上的实际上，内阁虽与议会没有关系而组织，然政府或巧妙地操纵议会，或威压之，或支配国民的选举，总可以执行国政。因此之故，官僚主义与议院主义（规定为法律上的制度者不在此例）并非宪法上制度的差异，不过为政治上习惯的差异罢了。因而其差异又不一定是判然的，虽于同一的宪法之下，亦依其时政治上

① ［日］芦部信喜：《宪法》（第 3 版），高桥和之增订，林来梵等译，北京大学出版社 2006 年版，第 288 页。

② ［日］阿部照哉等编著：《宪法》（上册），周宗宪译，许志雄教授审订，中国政法大学出版社 2006 年版，第 302 页。

的情况而变化。"①美浓部达吉认为，这种政体形式以帝制时代的德国、奥地利和当时的俄罗斯为代表。尽管美浓部达吉没有明确将日本明治宪法确立的政体形式纳入其中，但是结合当代日本宪法学者的研究结论，可以将明治宪法所确立的政体形式归属于这种类型。不过，这种所谓超然内阁制或者官僚内阁制，往往侧重于立法权与行政权之间的关系来论述的，不太适合于描述明治宪法所规定的天皇的地位，也不适合于分析近代德国君主立宪制下的君主的地位。

二、统治权类型的政治模式

笔者认为，大权政治制可能比较好地概括统治权类型所体现的政治模式。虽然统治权类型在形式上表现各一，但是在统治权主体上却表现出相似性，也就是肯定统治权主体在政权组织形式的核心地位。从近代德国君主和近代日本天皇的地位来看，其具有以下特点：

第一，宪法是由统治权主体"钦定"。无论是 1850 年普鲁士宪法还是 1889 年明治宪法均是由君主钦定的。1850 年普鲁士宪法在前言中宣称："朕腓特烈·威廉，奉天承运普鲁士国王，等等，宣布，1848 年 12 月 5 日朕所颁布的、两议院所承认的普鲁士王国宪法，按照立法程序加以重新审查之后，朕最后批准经两院通过的本宪法。"1889 年明治宪法则在告文和宪法发布敕语中宣称："惟此皆绍述贻赐皇祖皇宗后裔之统治洪范，朕躬身以逮洵得与时俱行……""朕以国家之昌隆及臣民之福庆为衷心欣荣，依承于祖宗之大权，对现在及将来之臣民，宣布此不磨之大典"，"国家统治之大权，朕承之于祖宗，待之于子孙，朕及朕之子孙将来须循此宪法条款实行而无愆"，"此宪法之某项条款至将来遇有改宪之必要时，朕与朕之继承统治之子孙执提议权，议案交付议会，议会依此宪法规定之要件议决之，朕之其

---

① [日]美浓部达吉：《宪法学原理》，欧宗祐、何作霖译，汤唯点校，中国政法大学出版社 2003 年版，第 373-374 页。

他子孙及臣民不得敢试纷更”。① 这些宪法序言表明无论是普鲁士国王还是日本天皇，其在立宪中始终居于主导地位。也就是说，这些宪法并不是建立在人民意志基础之上，而是建立在君主意志的基础之上。不过，在序言中也表达了君主遵守宪法的意愿，这是由君主自我进行约束，而不是由人民来约束的。

第二，统治权主体掌握至上的权力。在这种宪法体制中，根据君主主权的原理，实行各种权力集中于君主的体制。君主作为总揽统治权的主权者参与所有国家权力的行使。例如，在明治宪法体制下，“天皇保有身为主权者的大权。拥有作为皇室首长的皇室大权，与作为国家神道思想上的最高祭主之祭祀大权这种宪法典外的大权，以及宪法典规定的统帅大权、荣典授予大权及国务大权”。② 君主大权制可以说集中展现了这种政权组织形式的特点。

第三，军事统率权的独立。在这种权力体制下，虽然也规定了军事问题，但是，这种军事大权是独立于议会和政府的。例如，1850年普鲁士宪法规定，其一，国王对军队有统率权；其二，国王不仅有权任命所有的文官，还有权任命所有的武官；其三，国王的权限包括宣战和媾和，其行使无须议会同意；其四，军法以敕令的形式制定；其五，虽然宪法没有规定该由谁来决定军队的规模和编制，但从宪法对“立法”概念所下的定义看，法律没有规定的事项，属于国王的行政权规定的事项。此外，尽管宪法第 44 条规定了国王有关统治的一切行为都需要国务大臣副署，但有关统率权的行使却不需要有关国务大臣的副署。③ 又如，在 1889 年明治宪法中，宪法第 55 条规定，天皇通过国务大臣的辅弼行使其国务大权，但是在明治宪法制定初期就认为宪法第 11 条的统帅权的行使，被解释为不需要国务大臣的辅弼。

① 萧榕主编：《世界著名法典选编》（宪法卷），中国民主法制出版社 1997 年版，第 311 页。

② ［日］阿部照哉等编著：《宪法》（上册），周宗宪译，许志雄教授审订，中国政法大学出版社 2006 年版，第 116-117 页。

③ 参见［日］杉原泰雄：《宪法的历史——比较宪法学新论》，吕昶、渠涛译，社会科学文献出版社 2000 年版，第 52 页。

伊藤博文在《宪法义解》中解释道："本条指出，兵马之统一乃至尊大权，专属于帷幄之大令。"①这种军事统率权的独立表明这种权力结构的特殊性。

由此可见，大权政治制并不是某一国特有的现象。这就可以将大权政治制界定为：一种统治权高于国家权力的政权组织形式。不过，虽然笔者将近现代中国统治权类型也归入大权政治制的范围，但是这仅仅是研究的需要。实际上，近现代中国的大权政治制具有不同于德日两国的特点：其一，近现代中国大权政治制并不是所谓宪政时期的产物，而是前宪政时期的产物，所以其并没有使用"宪法"名称。其二，近现代中国的大权政治制因传统的不同而呈现出自身的特点。由于其并不是制宪的产物，所以在法理上不存在要遵守自己所制定的根本法。因而，与明治宪法"按照宪法行之"相比，近现代中国的大权政治制可以说不受任何形式的束缚，从而在体制上呈现出比德日两国君主制更为集权的特征。

三、大权政治制与其他政权组织形式的比较

目前，通常将政权组织形式区分为总统制、议会内阁制、委员会制和人民代表大会制度。其划分标准是立法权与行政权之间的关系。为了进一步理解大权政治制与上述政权组织形式之间的区别，这里以总统制和内阁制为典型的政权组织形式来分析。

（一）大权政治制与总统制之比较

既然大权政治制与总统制不同，那么我们首先比较一下两者的差异。以美国总统制为代表，其基本特点是：第一，总统既是国家元首，又是政府首脑。政府工作由总统领导，政府责任由总统承担。第二，政府各部部长由总统提名，经参议院同意后任命，而政府只对总统负责，不对国会负责。所以，不存在副署制度。第三，总统由选民选举产生，只对选民负责，不对国会负责。第四，政府成员和国会议员不能

① ［日］杉原泰雄：《宪法的历史——比较宪法学新论》，吕昶、渠涛译，社会科学文献出版社2000年版，第64-65页。

相互兼任。第五，国会有权以立法等权力来监督总统和政府，但是不能以不信任案迫使总统辞职，也无权决定政府的去留和成员人选。同时，总统也不能解散国会，但是对国会通过的法案有一定的否决权。第六，总统和政府不能向国会提出议案，而且政府成员不能列席国会的任何会议。由此可见，总统制始终严守立法权与行政权分立的立场。

与总统制相比，近现代中国的大权政治制有以下特点：第一，统治权主体不是由选举产生的，而是通过政权更替来实现的。政权更替在中国历史上非常普遍，尤其在动荡时期更为频繁。从近现代中国来看，尽管均奉行民国的国号，但是在政权更替上依然频繁，尤其在北洋军阀统治时期表现最为突出。这种政权更替并不是通过正式的合法程序进行的，而是通过法外程序实现的。第二，统治权主体既是国家元首，又是行政首脑，政府对统治权主体负责，这一点与总统制很像。但是，美国总统制要求政府各部部长由总统提名，经参议院同意后任命，而统治权主体任免官吏的权力完全属于其所有，民意机关无权过问。第三，统治权主体可以解散民意机关，而总统制下不能解散国会。第四，总统制下国会可以弹劾或审判总统，但是，统治权主体既不能被弹劾，也不能被审判。所以对于统治权主体的反向制约是不存在的。

可见，大权政治制属于一种带有总统制某些色彩的超总统制。

(二)大权政治制与内阁制的比较

同样，内阁制的主要特点是：第一，内阁首脑由议会多数党领袖担任，其他阁员由首脑提请国家元首任命；第二，总统只是国家元首，不直接领导内阁(政府)，不负行政责任；第三，内阁对议会负责，议会对内阁有不信任投票权。如果议会对内阁(政府)的主要施政方针不予支持，议会通过了对内阁的不信任案，内阁就要辞职或提请国家元首解散议会，重新举行选举。也就是说，议会(立法)与政府(行政)大致分立，政府对议会负连带责任，同时，内阁具有解散议会的权力。① 虽然在大权政治制下，议会与政府相互分立，但是政

---

① 参见[日]芦部信喜：《宪法》(第3版)，林来梵等译，北京大学出版社2006年版，第289页。

府不对议会负连带责任，也不具有解散议会的权力，因此，与内阁制相比，近现代中国大权政治制有以下几个特点：第一，政府不对民意机关负责任。即使如《袁记约法》规定政府对立法院负责，那也很难落实。第二，尽管政府不具有解散议会的权力，相反议会依附于统治权主体。第三，政府对统治权主体负辅弼责任。第四，统治权主体不需要对议会负责，相反议会要对它负责。

由此可见，大权政治制是一种貌似内阁制的超然内阁制。

（三）大权政治制下的司法

总统制与内阁制的区分主要建立在立法权与行政权的关系之上，因此，前述比较对于理解大权政治制与总统制、内阁制的区别较有帮助，却难以明确大权政治制下的司法权的特殊规定方式。在总统制和内阁制下，法官的任命往往是在议会的同意下由政府首脑来进行的。而在大权政治制下，司法权属于统治权主体的大权之一，但又规定司法权独立行使，显示出统治权主体努力在这两方面取得某种平衡。在这种体制下，“司法”仅仅限于民事审判和刑事审判。例如，在1850年普鲁士宪法下，由于各种法律规定司法裁判不能介入行政案件，所以，“司法”只意味着对民事案件和刑事案件的裁判。① 而在明治宪法中，宪法第61条规定，司法仅仅限于民事案件和刑事案件，不涉及对行政案件的裁判。行政案件由司法以外的、设在行政部内的行政法院管辖。② 这种将行政案件审判分离于司法之外的做法在近现代中国统治权类型中也存在。这样，司法的范围受到很大的制约。

所以，与总统制和内阁制相比较，大权政治制既具有总统制的某些特点，也具有内阁制的某些特点。由于统治权主体不仅控制行政权和立法权，也事实上掌控着司法权，使得政府、议会和法院无时不笼罩在统治权主体之下。所以，大权政治制是一种超越总统制和内阁制

① 参见［日］杉原泰雄：《宪法的历史——比较宪法学新论》，吕昶、渠涛译，社会科学文献出版社2000年版，第49-50页。

② 参见［日］杉原泰雄：《宪法的历史——比较宪法学新论》，吕昶、渠涛译，社会科学文献出版社2000年版，第61页。

的政权组织形式，是与总统制、内阁制等相并列的政府形式。

四、大权政治制的历史来源

那么，何以会产生这种奇特的政权组织形式呢？从传播学的角度来看，显然是一种法律移植过程中的文化示范的结果。从宪法史角度来看，这种政治形式在19世纪颇为流行(参见表2)。卡尔·施米特将之称为立宪君主制，以区别于英国式的议会君主制。①

表2　君主立宪制宪法对立法权、行政权和司法权规定一览表②

宪法名称	法律条款	备注
挪威宪法(1814年5月17日)	第3条：行政权属于国皇。第49条：立法权属于国民，由国会storthing行使之。国会分lagthing会议及odelsthing会议。	《各国宪法汇编》
法国宪章(1814年)	第13条：行政权专属于国王。第15条：立法权由国王、贵族及议会共同行使。第57条：司法一律出自国王。司法由国王任命的法官以国王名义执行。	《宪法的历史》第65页注释①
比国(即比利时)宪法(1831年5月7日公布1893年9月7日修正)	第25条：一切权力，出自国民全体。权力之执行，应依照宪法之规定。第26条：立法权由国皇参议院及众议院，会同执行之。第29条：国皇所有之行政权由宪法规定之。第30条：司法权由法院及裁判所执行之。判令与判决，均以国皇名义执行之。	《各国宪法汇编》

① 在当代宪法学中，一般说到立宪君主制就认为是英国式的立宪君主制，而没有进一步区分。

② 参见钱宁峰：《君主制宪法下的司法权：对司法独立的一种考察》，李琦主编：《厦门大学法律评论》(第16辑)2008年下卷，厦门大学出版社2009年版。

续表

宪法名称	法律条款	备注
法国宪法（1852 年 1 月 14 日）	第 2 条：法兰西共和国政府付托给共和国现任大总统路易-拿破仑·波拿巴亲王，为期 10 年。第 3 条：共和国大总统依靠各部部长、参政院、元老院和立法院进行统治。第 4 条：立法大权由共和国大总统、元老院和立法院共同行使。第 7 条：司法以共和国大总统的名义行之。	《世界通史资料选辑近代部分》第 306 页
法国《固定帝国宪法的元老院法令》（1870 年 5 月 21 日）	第 10 条：皇帝在各部大臣、元老院、立法院和参政院的襄赞下进行统治……第 12 条：法律的创议权属于皇帝、元老院和立法院……皇帝所创议的法律草案得任他选择，或先提交元老院，或先提交立法院……然而，一切涉及租税的法律应先经立法院通过。第 15 条：司法以皇帝的名义行之……法官为终身职的规定应予尊重。	《世界通史资料选辑近代部分》第 308 页
意大利《1848 年撒丁王国宪章的准则》	第 3 条：行政权只属于国王。他是国家的最高元首。他统率一切武力，包括海军与陆军；他宣布战争，缔结和约、盟约和商约；他任命所有行政机关的人员，以及为了执行法律，他可以发布一切必要的命令；但不得搁置法律延不执行，也不得特免对法律的遵守。第 4 条：国王专有批准和公布一切法律之权。第 5 条：所有司法出自国王，并以国王的名义执行之。他可颁行特赦及减刑。第 6 条：立法权将由国王与两院集体行使之。	《世界通史资料选辑近代部分》第 289 页

续表

宪法名称	法律条款	备注
意大利基本法（1848年3月4日颁布）	第2条：意大利之政体为君主立宪制。皇位依舍利法典世袭。第3条：立法权由国皇与上议院及下议院会同行使之。第5条：行政权属于国皇一人。国皇为国家之最高元首，全国陆海军大元帅。国皇得宣战并缔结和约、盟约、通商条约及其他条约。一待国家之利益与安全许可时，各该项条约应即送达上下两议院并附适当之说明。关于债务或改变领土之条约非经两议院认可后不发生效力。第68条：赏罚出自国皇，裁判权由国皇所任命之法官以国皇之名义行使之。	（钦定宪法）《各国宪法汇编》
德国1850年普鲁士宪法	第45条：行政权专属于国王。第62条：立法权由国王与两院共同行使之。第86条：司法权以国王的名义，由只服从法律权威的独立的法院行使。	（钦定宪法）《宪法的历史》第46页
荷兰国宪法（1887年11月30日公布1922年11月30日修正）	第54条：行政权属于国皇。第79条：国会代表荷兰全体国民。第110条：立法权，由国皇及国会共同行使之。第150条：司法以国皇名义通行全国。第163条：设最高审判机关一所，称为荷兰国最高法院，其人员依次条之规定，由国皇任命之。	《各国宪法汇编》

续表

宪法名称	法律条款	备注
日本 1889 年明治宪法	第 4 条：天皇为国家元首，总揽统治权，依本宪法规定实行之。第 5 条：天皇依帝国议会之协赞，行使立法权。第 57 条：司法权由法院以天皇名义依法律行使之。	(钦定宪法)《世界著名法典选编宪法编》第 313 页
中国 1908 年《钦定宪法大纲》	司法之权，操诸君上，审判官本由君上委任，代行司法，不以诏令随时更改者，案件关系至重，故必以已经钦定法律为准，免涉分歧。	(钦定宪法)《近代中国宪政历程》第 128 页。
丹麦国宪法(1915 年 6 月 5 日公布，1920 年 9 月 10 日修正)	第 1 条：政体为制限君主制，皇位为世袭。皇位继承之顺序，依 1853 年 7 月 30 日之法律第 1 条及第 2 条之规定。第 2 条：立法权由国皇及国会共同行使之。行政权属于国皇，司法权由法院行之。	《各国宪法汇编》
巨哥斯拉夫国宪法(1921 年 6 月 15 日至 28 日通过)	第 1 条：巨哥斯拉夫为世袭君主立宪国。国名定为巨哥斯拉夫皇国。第 45 条：政权均应依照本宪法之规定，行使之。第 46 条：政权由国皇与国会，共同行使之。第 47 条：行政权属于国皇，而由负责之国务员，依本宪法之规定，行使之。第 48 条：司法权由法院行使之。法院判决及裁决，以国皇名义，依据法律，宣告并执行之。	(钦定宪法)《各国宪法汇编》

续表

宪法名称	法律条款	备注
罗马尼亚宪法（1923年3月29日公布）	第33条：政权出于国民。但国民仅得由其代表，依照本宪法所定之原则及规程，行使政权。第34条：立法权由国皇与国会共同行使之。国会包括参议院与众议院。一切法律，须经上列三立法机关之通过。法律非经两院过半数之决议，不得提请国皇批准。第39条：行政权由国皇依照宪法行使之。第40条：司法权由司法机关行使之。其判决以法律名义宣告，而以国皇名义执行之。	《各国宪法汇编》
伊剌克国宪法（1925年3月21日公布）	朕，伊剌克国皇，兹依国民会议之议决，已认可本宪法并命令公布之。第2条：伊剌克为独立自由之自主国。其领土不可分割，领土之任何部分亦不得舍弃之。伊剌克并为代议制政体之立宪世袭皇国。第19条：伊剌克立宪皇国之主权属于国民。此项主权为国民所付托于胡森之子法萨尔王及其嗣君之责任。第27条：国皇应以敕令行使其权力。敕令应因负责阁员之奏议，经总理大臣之同意颁布之，并应经阁员及其大臣签署。第28条：立法权属于国会与国皇。国会由参议院与众议院组织之。国会有依本宪法之规定制定，修正并废止法律之权。	《各国宪法汇编》该宪法由国皇公布

续表

宪法名称	法律条款	备注
埃及国宪法（1930年10月22日）	第1条：埃及为独立自主之皇国。其主权不得分裂，亦不得让与。其政府，为世袭之君主而属代表制。第23条：一切权力，出自国民。其行使方法，由本宪法规定之。第24条：立法权由国皇同参众两议院行使之。第29条：行政权依照本宪法之规定，属于国皇。第30条：司法权由各级法院行使之。第31条：各法院之判决，应依照法律，以国皇名义宣告及执行之。第30条：司法权由各级法院行使之。第31条各法院之判决，应依照法律，以国皇名义宣告及执行之。	《各国宪法汇编》埃及前面还有一部宪法，由本宪法废止。
暹罗国宪法（1932年颁布）	第2条：统治权出自暹罗国人民。国皇为国家元首，依照本宪法之规定行使统治权。第6条：国皇依国会之奏请且经其同意行使立法权。第7条：国皇以国务院行使行政权。第8条：国皇以依法设立之法院行使司法权。第58条：司法权应由法院依照法律，以国皇之名义行使之。	《各国宪法汇编》

（以上列表条文分别来自立法院编译处出版：《各国宪法汇编》，汉文正楷书局，民国二十二年初版（1933年）；[日]杉原泰雄：《宪法的历史——比较宪法学新论》，吕昶、渠涛译，肖贤富校，社会科学文献出版社2000年版；蒋相泽主编：《世界通史资料选辑近代部分》（上册），商务印书馆1964年初版；夏新华、胡旭晟、刘鄂、甘正气、万利容、刘姗姗整理：《近代中国宪政历程：史料荟萃》，中国政法大学出版社2004年版；萧榕主编：《世界著名法典选编宪法卷》，中国民主法制出版社1997年版。另外，虽然不能穷尽一切有关此类型的宪法，但是基本代表了一种宪法类型的普遍性。）

从该表对权力类型的规定来看，有如下几个特点：第一，行政权专属于君主或大总统。挪威宪法(1814 年 5 月 17 日)、法国宪章(1814 年)、意大利《1848 年撒丁王国宪章的准则》和意大利基本法(1848 年 3 月 4 日颁布)、德国 1850 年普鲁士宪法、荷兰国宪法(1887 年 11 月 30 日公布，1922 年 11 月 30 日修正)、丹麦国宪法(1915 年 6 月 5 日公布，1920 年 9 月 10 日修正)、巨哥斯拉夫国宪法(1921 年 6 月 15 日至 28 日通过)均规定行政权属于君主，而没有附加限制性条件。只有比利时宪法、罗马尼亚宪法(1923 年 3 月 29 日公布)、埃及国宪法、暹罗国宪法较为特殊，其要求君主按照宪法规定行使行政权，这种规定反映了民主化的倾向。此外，法国宪法(1852 年 1 月 14 日)和法国《固定帝国宪法的元老院法令》(1870 年 5 月 21 日)、日本 1889 年明治宪法、中国 1908 年《钦定宪法大纲》均没有明确规定，但是其规定了国家元首的统治问题。第二，立法权由君主(或大总统)和国会共享，或集体行使，或共同行使，或共享法律创议权。日本明治宪法和中国《钦定宪法大纲》对立法权的规定均采用不同于其他国家的表述方式，反映了这两个国家君主对立法权的控制力度远远高于其他国家。第三，司法权以君主名义由法院行使。在这一点上，几乎所有国家均采用了类似的表达方式。第四，日本明治宪法和暹罗国宪法采用了统治权概念，不过前者将之归属于天皇，后者将之归属于人民。那么，为什么这些国家在立法权、行政权和司法权的配置上表现出结构上的高度相似性呢？笔者以为这些宪法类型反映了这些国家君主制度在立宪主义思潮影响下所作出的某种回应。这一点在比较宪法学中尤其值得注意。

在比较宪法学上，君主制宪法是一大宪法类型，C. 邦纳从历史学角度将其称为比利时宪法群，其代表是 1850 年普鲁士宪法和 1889 年明治宪法，并认为，不同历史阶段的宪法具有不同的性质，但同一历史时期的宪法通常具有共同的特点。① 笔者认为，虽然这三个宪法

① 参见韩大元主编：《比较宪法学》，高等教育出版社 2003 年版，第 42 页。

的结构基本相似，但是由于1831年比利时宪法将主权置于国民身上，带有更多的自由主义的色彩，因此，能否和后面两种归为一类似可存疑。不过，君主制宪法几乎在整个19世纪和20世纪上半叶均存在。从上表可以看出，其有以下特点：其一，钦定宪法，即君主立宪制，是君主制宪法的一大类型，其代表为1850年普鲁士宪法和1889年明治宪法，体现了君主主权原则。其二，协定宪法，即议会君主制，也是君主制宪法的一大类型，而且，这种宪法类型在20世纪前半期非常流行，体现了国民主权原则。其三，前述两种类型在对立法权、行政权和司法权的配置基本相同，不过，由于其宪法精神的差异，决定了在宪法实践中必定是不同的。当然，由于各国国情不同，在具体权力结构配置上有很多微观结构的差异。

1. 钦定宪法

钦定宪法的最早代表是1814年法国宪章，这部宪法体现了君主主权原则，其首先影响了19世纪初期德意志南部各邦。在1830年“七月革命”以前，在德国就存在受到1814年法国宪章影响的宪法，如1818年5月26日的拜恩宪法、1818年8月22日的巴登宪法、1819年9月25日的维尔茨堡宪法、1820年12月17日的黑森宪法，这些德意志南部各邦宪法都是1814年法国宪章的模式。① 1848年革命失败后，普鲁士公布了宪法，也是由普鲁士国王所颁赐的一部宪法。1850年普鲁士宪法对日本近代立宪产生了重要影响。1889年明治宪法深受1850年普鲁士宪法的影响，也受到日本本国传统政治体制的影响，其最为典型地表现为以宪法形式确立了以日本型王权神授说为基础的天皇主权，这种体制本质上也是君主主权。在近代中国清末制宪过程中，也基本上模仿德日两国君主立宪模式，而且从宪法条文上直接抄袭1889年明治宪法，突出君上大权的显赫地位。这些宪法构成了一种钦定宪法现象。而这种宪法类型的原型就是1814年法国宪章。尽管1814年法国宪章不是最早出现的体现君主立宪主义的

---

① 参见[日]杉原泰雄：《宪法的历史——比较宪法学新论》，吕昶、渠涛译，肖贤富校，社会科学文献出版社2000年版，第65页注释①。

宪法，却对一些国家起到了示范作用。①

2. 议会君主制

议会君主制在英国建立之后，也成为君主国模仿的对象。然而，英国议会君主制由于其不成文性和自由主义色彩过重一开始并没有被广泛接受。② 尽管19世纪初期的瑞典和挪威均以成文宪法的形式确立了议会君主制，但是对其他国家影响不大。只有1831年比利时宪法对议会君主制的传播起到了非常关键的作用。“1831年的比利时宪法确实完成了君主政治形式化的任务，它把国王的职权减缩至宪法所规定的，且须通过那对民选的国会负责的内阁始能行使其职权，这样把君主政治的继续存在和‘主权在民’的完全承认，以合理而令人满意的方式调和起来。英国的宪法也是那架过同样深谷的桥梁，可是，在1831年，没有人（甚至在英国）能够明白解释出个道理来；法国1830年的修正宪章很可能依照这个方向解释，但不幸的是它的含糊笼统，也可依照另一方向解释；瑞典1809年的宪法却规定由国王和人民平分主权；只有1814年的挪威宪法，很早就用根本的名词，对真正有限制的君主政治，确定了含义；可是，挪威远在北欧，其事例不大为人所注意，因此，1831年以后的一世纪中，各国实行的立宪君主政治，其所能仿效的模型，却是比利时的宪法，而不是英、法、瑞典或挪威的。比利时本身即自由采择法、英、美的宪政制度和惯例以制成1831年的宪法，而这个宪法更为许多国家有意或无意中所模

---

① 例如1809年瑞典就颁布了一部体现君主立宪主义的宪法，然而这部宪法对其他君主国影响不大。参见[美]豪古德：《现代宪法新论》，龙大均译，张海斌勘校，中国政法大学出版社2005年版，第132页。

② 笔者认为，1688年“光荣革命”后英国确立的君主制应为议会君主制，这一点似乎未受到理论上的重视。一般认为，英国属于君主立宪制，其所指当然是指议会君主制。一个简单的例子就是我们现在认为现代日本和英国一样实行君主立宪制，那么明治宪法确立的体制又是什么体制呢？正如上面所说，可以将现代日本君主制称为议会君主制。

仿，其结果有成功的也有失败的。”①由于其奉行主权在民的原则，体现了历史中民主主义的进步色彩。

笔者以为，议会君主制尽管与君主立宪制在规范层面上非常类似，但在本质上已经被民主化了，不能将之归属于前面所说的大权政治制。只有德、日式君主立宪制才能被称为这种政体形式，因为其在权力结构上颇为相似。对于这一点，卡尔·施密特认为，1831 年比利时宪法放弃了君主制原则，而1850 年普鲁士宪法还没有。“立宪君主制的基础是，君主制原则受分权原则的抑制，君主作为独立的、无所依傍的行政首脑代表着政治统一体，而行使代表职能的人民代议机关(议会)则作为第二个代表与之相抗衡，这样就实现了与国民法治国原则相符的区分和平衡。不过，主权问题并未获得最后决断，仍是一个有待于解决的问题。在 19 世纪德国立宪君主制条件下，君主制原则在立宪规范的背后保持着有效性；在这里，君主制是真正的政体，而不仅仅是政府形式和行政组织要素。”②普鲁士立宪君主制理论家施塔尔认为，立宪君主制不同于议会君主制，立宪君主制的本质在于，立宪君主仍有实权，其个人意志仍起一定的作用，并没有完全消融于议会中。不过，上述区分很有实际意义，但它原则上只承认了国民法治国要素，承认了能对君权的行使起缓和作用的自由主义。然而，立宪君主制与议会君主制存在原则性的政治对立，即君主制与民主制之间的对立。所以，立宪君主制不是一种特殊的政体，而是国民法治国与君主制的政治原则在保持君主主权条件下的结合，每当发生了冲突和危机，这种主权马上就会重新表现出来。③ 此外，在权力结构上，法国曾出现了类似君主的大总统统治制。这种权力结构在本质上与德日式体制完全相同。值得注意的是，法国式的变种在我国辛亥

① [美]豪古德：《现代宪法新论》，龙大均译，张海斌勘校，中国政法大学出版社 2005 年版，第 184-185 页。

② [德]卡尔·施米特：《宪法学说》，刘锋译，世纪出版集团、上海人民出版社 2005 年版，第 311 页。

③ 参见[德]卡尔·施米特：《宪法学说》，刘锋译，世纪出版集团、上海人民出版社 2005 年版，第 311-312 页。

革命之后也出现了，这就是袁记约法所规定的大总统统治权类型。

由此可见，近现代中国统治权类型的出现并不是凭空产生的，而是世界近代史上君主立宪制示范效应的结果，不过，这种政治模式已完全不同于国外宪法所规定的体制了。

第五节　统治权类型的宪法化

虽然统治权类型屡屡出现，但是近现代中国制宪思潮始终存在。无论清末预备立宪还是民国时期的制宪活动，几乎均伴随着统治权类型的变迁。问题在于，由于这种统治权类型始终不是宪法状态的权力形态，其始终面临着宪法化的压力。从历史来看，《临时约法》之后的制宪活动、袁世凯称帝后的制宪活动、段祺瑞执政时期的制宪活动乃至国民党训政时期的制宪活动，均表明这种压力的存在。然而，这些制宪活动均失败了。这表明，这些统治权类型本身是无法宪法化的，而要实现宪法化必须首先解决统治权问题。不少学者在谈论近现代中国制宪史时一般均感叹近现代中国宪政之艰难。然而，这些学者始终未曾考虑过，宪政是需要条件的。而从统治权类型的演变来看，其之所以会导致制宪活动的失败，恰恰在于统治权类型本身存在问题。

从近代德日中三国统治权形态的演变来看，统治权主体最终保留着权威的存在，而原来的统治权受到极大的限制。尤其是在近现代中国，统治权虽然一度被削弱，然而却始终保持着强劲的生命力，从前一种统治权形态向后一种统治权形态演化，其间虽然从法律上看受到了很大的制约，然而，在法律之外，统治权始终存在着。例如，在袁世凯政权崩溃之后，从表面上看恢复了《临时约法》的法统，然而，在事实上，却以一种高度集权的权力结构而存在。段祺瑞的临时执政制只是其中的表现形式之一，“临时执政的事权，就是把从前的总统与国务总理合而为一。在表面上执政不是总统，实际上执政的职权决无限制，比起从前的总统来，要自由得多了”。① 又如，国民党在

① 李剑农：《中国近百年政治史》，复旦大学出版社2002年版，第585页。

1947年宪法制定之后宣布进入所谓宪政时期，然而，国民党在宪法体制之外始终发挥着重要的影响力，这一点集中表现为《动员戡乱时期临时条款》之中。对此，王世杰曾有说明："现在政府有两个任务，一为开始宪政，一为动员戡乱。但要宪法里，对于政府在变乱时期的权力，限制极严，如果没有一个适当办法补救，则此次国大闭会以后，政府实行宪政，必会有两种结果：一为政府守宪守法，但不能应付时机，敉平叛乱；一为政府应付戡乱需要，蔑视宪法或曲解宪法条文，使我们数十年流血革命付出了很大牺牲而制定的宪法，变为具文……我们提这个案，以沉重的情绪，要使国民大会休会以后，真正能行宪，而且能戡乱，故有此提案。"①这样，临时条款停止了立法院对总统有关权力的限制性规定，使得总统权力再度跃升。由此可见，在历史条件具备的情况下，统治权会通过各种方式展示其存在。而在近现代中国，其存在方式更是纷繁复杂。

那么，如何来认识这种权力类型的演变呢？实际上，统治权类型往往融合了权威和权力两个因素。一方面，统治权主体代表着这种宪法体制的权威来源，另一方面，统治权主体掌握着极大的政治权力。从历史来看，近代德国和近代日本的统治权主体最终都以权威的形式而存在，而放弃了实权。而在近现代中国，虽然在一定条件下，统治权主体为了维护自己的统治需要，而在法律层面上放弃自己的实权，但在许多情况下，统治权主体在宪法体制下依然具有一定的实权，虽然这种实权受到一定的制约。由此可见，在宪法化过程中，统治权主体始终面临着权威和权力两个难题。有学者在反思日本宪法史时认为，中国和日本文化上均属于权力崇拜的文化，这种权力文化均构成对宪政建设的障碍，然而，虽然日本在律令体制上向传统中国学习，但是日本的政治权力结构却与中国不同，这种差异主要表现在日本天皇和中国皇帝之上。日本天皇在长期的历史进程中往往是一种象征性存在，而中国皇帝在长期的历史进程中不仅是权威的象征，而且也是

---

① 李鸿禧：《宪法基本概念之澄清——从动员戡乱时期临时条款谈起》，李鸿禧：《宪法与人权》，台湾元照出版公司1999年版，第42-43页。

权力的掌握者，因此在面对宪政化的压力下，就造成了不同的处境。在日本，天皇在宪法化过程中虽然在法律上具有无上的权力，但是这种权力是受到宪法制约的，同时，天皇权威始终是存在的，这样权力分散，并不影响天皇的权威流失，这种好处就在于保持政局的稳定。而在近代中国，皇帝本身直接参与政治，并为权力斗争所累，最终成了权力斗争的牺牲品。① 因此，该学者认为，“如果一个国家要维持一种不受制度约束的最高权力，那么这种权力应仅限于一种象征性的精神权威；否则，如果这种精神权威进一步发展成实质意义的统治权，就可能成为宪政与法治的障碍”。② 这种认识是非常值得注意的。魏玛宪法的历史命运和近现代中国制宪运动的失败反衬出近代日本宪政道路的独特性。因为宪法化建设本身就是权力相对分散的过程，在权力分散过程中最大的危机就是权威的危机。权威的丧失必然造成国家无所依凭，陷入混乱局面。近代日本就是充分发挥了天皇这种传统象征形式，从而在两次宪政化过程中化解了权威危机，从而完成了权力结构的立宪主义化。然而，由于近现代中国统治权类型与德日两国的统治权类型具有很大的差异，权力和权威融为一体，权力就代表着权威，而权威必须依附权力之上，这样，一旦权力出现分散化，权威的流失必然不可避免。在这种情况下，政治权威的真空就出现了。所以，要弥合这种权威的缺失，就必须通过权力的高度集中来予以整合，除此之外，别无出路。而在近代日本，天皇的权威和权力是可以分离的。同时，在近代德国，君主虽然被视为主权者，然而，权威已经被转移到国家身上，这样，代表权威的国家和代表权力的君主在意识形态上已经分离。尽管在魏玛宪法时期始终无法引导走向真正的民主化道路，但是国家权威的存在始终起着维系德意志民族存在的整合作用。而近现代中国则不同，虽然国家权威亦被反复强调，然而，在

---

① 魏晓阳：《传统与革新——天皇在日本宪政制度中的历史作用》，载《环球法律评论》2005 年第 5 期。

② 魏晓阳：《传统与革新——天皇在日本宪政制度中的历史作用》，载《环球法律评论》2005 年第 5 期。

近现代中国人的观念中，国家和统治权主体之间往往不予以区分，而视为一体的存在，因此，权威和权力始终是结合在一起的。这样，宪政化道路必然更为艰难，在历史条件具备的情况下才能实现这种转型。

所以，无论哪一种宪法体制，均无法脱离传统的影响。或者说，君主制因素不会马上消失，它会以新的形式表达出来。对此，卡尔·施米特在分析 19 世纪君主立宪制认为君主的地位对立宪主义具有重要影响。他认为："在 19 世纪，对君主制的理性主义和经验式的辩护有一个特点：这些辩护将君主嵌入分权的法治国系统，君主制变成了一种单纯的政府形式，君主则变成了一个多少有些影响力的行政首脑。在这里，辩护根据是多种多样的，但它们都旨在证明君主制的有用性和合目的性。"①也就是说，在 19 世纪混合政体思想的影响下，即使在君主制被推翻以后，君主地位的特殊性仍然可以从行政首脑的地位上找到某种影子。不过，在近现代中国，君主制要素不仅表现为传统意义上的君主，而且表现为新形势下出现的总统和政党。这反映了传统中国君主制要素在社会变迁中依然具有强大的再生能力，正是这种再生能力使得统治权类型呈现出复杂的形态。这恰恰就是中国政治不同于其他国家的最大差别之处。

---

① ［德］卡尔·施米特：《宪法学说》，刘锋译，世纪出版集团、上海人民出版社 2005 年版，第 309 页。

第七章 统治权类型的法律文化分析

若撇开意识形态的分析，我们可以发现，除了中国共产党所领导的革命根据地政权外，旧中国时期所建立的政权基本上属于统治权类型。这种现象说明，对于当时中国人来说，尽管不少学者对不同政权类型具有不同的认识，但是这种认识并没有妨碍人们的集体选择，这种集体选择的背后恰恰反映了人们具有共同选择的文化模式。所以，统治权类型的存在不仅仅是一种法律和政治现象，而且也是一种文化现象。而认识统治权类型，对于理解中国法律文化具有重要意义。

第一节 权力的法律文化研究

权力是法学研究的重要范畴之一。自改革开放以来，法学界不仅对权利范畴展开了深入研究，而且对权力范畴进行了分析。随着研究的深入，权力类型日益丰富。例如，周永坤教授将权力根据不同标准进行分类：一是根据权力行使的范围分为家庭的权力、社会的权力、国家的权力和超国家的权力；二是根据权力作用的领域分为物质权力与精神权力；三是根据权力行使的稳定性分为制度化的权力与非制度化的权力；四是根据权力存在的形态分为事实上的权力与法律上的权力；五是根据权力来源分为革命的权力、传统的权力和宪法的权力；六是根据权力关系的领域分为对人的权力、对物的权力和精神的权力；七是根据权力的结果分为侵害性权力、服务性权力和中立性权力；八是根据权力的形式分为立法权、行政权和司法权。① 也有学者

① 周永坤：《规范权力——权力的法理研究》，法律出版社 2006 年版，第 134-143 页。

将国家权力与社会权力作了划分。① 这种划分一方面有助于人们对权力的认识，另一方面也增加了人们的困惑。如何研究权力范畴成为摆在不同学科学者面前的重要问题。文化学亦不例外。权力的文化分析似乎已经成为文化研究特别是法律文化研究的重要课题之一。

一、权力的法律文化研究现状分析

尽管权力范畴耳熟能详，但是文化学通常不将其作为一个研究对象。文化学不会以范畴作为自己的研究对象，其往往是以一个群体乃至一个国家作为单位来进行全面考察的。也就是说，即使考察的对象是法律，其必定要关注这个群体或者这个国家的整体文化观念对法律的影响。因此，与其说是对权力范畴的文化分析，不如说是对作为法律现象一部分的权力现象的文化分析。对此，作为文化分析有机组成部分的法律文化研究显然应该关注的是权力现象，而不是某一个权力范畴。所以，法律文化研究所要关注的对象依然是法律现象。而法律现象是千差万别的，权力问题显然就是法律现象的重要内容之一。

从目前研究来看，对权力的文化分析已经展开。例如，喻中教授就提出“从法律文化的角度，对权力范畴以及权力现象的文化考察”。② 从其所考察的内容来看，主要涉及权力的起源、权力合法性以及权力秩序等方面的内容。不过，尽管许多法律文化研究者并没有专门对权力现象进行分析，但是这并不表明其不关注此一问题。例如，在中西法律文化研究中，有学者认为：“中国的当代政体是人民代表大会制度，其基本特点是议行合一、民主集中制。西方当代的国家政体虽有君主立宪，总统制、委员制等差别，但其基本特点都是实行分权与制衡。因此，中西当代国家政体的主要差异表现为：中国注重立法权、行政权、司法权的相互协调、相互协作的联系性和统一

---

① 郭道晖：《社会权力与公民社会》，凤凰出版传媒集团译林出版社 2009 年版，第 62-67 页。

② 喻中：《法律文化视野中的权力》，山东人民出版社 2004 年版，第 7 页。

性，西方则注重立法权、行政权、司法权的相互独立、相互制约的制衡性。"①这里所提到的"民主集中制"、"分权与制衡"显然都是针对权力现象而展开的。

从总体来说，对权力的文化分析似乎依然停留在集权与分权两种决然对立的认知模式上。由于这种高度抽象的认知模式脱离了历史现实，因此往往停留于学说辨析层面，而无法了解事实真相。而以人类学为基础的文化学常常强调对一个群体乃至一个国家进行田野调查，在此基础上进行文化类型的分析，这就有必要重新认识权力现象的文化分析思路。

二、权力的法律文化研究思路

从目前来看，法律文化研究在中国依然有待于进一步发展。自20世纪80年代中后期开始，中国兴起了文化热，法律文化研究也顺势而为。然而，自20世纪90年代末期至21世纪初期，法律文化研究似乎一度落入后继乏力的状态。近年来随着国外法律文化研究成果的引介，法律文化研究似乎开始重新焕发新的气象。不过，尽管法律文化一词在理论界颇为流行，但是运用法律文化理论分析法律现象的个案却很少。通常来说，人们仅仅利用历史资料进行简单的描述和判断，而这种研究难以彰显法律文化研究的独特性。对于理论界的此种现象，有学者指出，法律文化研究之所以导致目前的境地，原因就在于国内学界对法律文化概念的误读。② 而从目前法律文化研究来看，从概念、方法到体系已经颇具规模的法律文化研究恐怕非陈晓枫教授莫属。从法律文化研究历史来看，"陈晓枫教授是我国学界最早提出法律文化'规则观'的学者"。③ 这种法律文化规则观正是与通行的法

① 何勤华等：《中西法律文化通论》，复旦大学出版社1994年版，第43页。

② 陈晓枫：《误读与解读：法律文化概念》，载《江苏行政学院学报》2013年第2期。

③ 珞珈法律人：《武汉大学法学院30年学术贡献举要》，载《法学评论》2009年第6期。

律文化成果观相对而言的，其体现了文化学诞生的真正意图。正如有学者指出："此范式认为法律文化所研究的是指令人们行为的观念系统，该研究范式通过梳理并正确解析国外文化学者的经典文化定义，将法律文化理解为指令人们行为的观念性系统。在理论架构上主要由法律文化史源、结构以及在不同法律领域中的文化投射所组成，其研究方法主要是文化分析方法。虽然其已经形成了系统的理论体系，能够合理诠释诸多现代法律现象，正确解析人们的行为，但因学界受法律文化成果观的影响，该论并未受到与其学术价值相当的重视。"①因此，笔者试图以陈晓枫教授提出的法律文化规则观或者指令观为基础来分析权力现象。

要理解这种法律文化的行为指令观，首先必须了解法律文化并不是指成果总和，而是指行为方式的总和。而要了解这一点，必须理解文化科学所要解决的问题。在文化科学看来，"所有的研究文化或习俗现象的思想，都可以根据人的自主意志与行为结果之间关系划分归入两大类，即'非决定论'和'被决定论'。'非决定论'认为，人们的意志控制着自己的行为，人的行为可以按照既定的目标，追求和实现预想的结果。简而言之，人的行为是自主决定的，不受意志以外的因素控制。相反，'被决定论'则认为，直观地看，人们的意志、欲望和冲动，直接决定了他们的行为追求。任何一个艺术品的创作、法律的制定、决定的执行都离不开'人'。但是，人的意志本身却不是自主的，它始终受制于意志以外而又高于意志的客观存在。这种客观存在在不同的学者那里可以是自然理性，是神意，也可以是先验范畴、绝对理念，或者物质生存条件。总之，人们的行为最终是被意志以外（意志之下）的非意志因素所决定的，人的意识只是意识到的客观实在"。② 文化分析所要研究的对象就是被决定论中非意识的客观存在。

① 柳正权：《中国法律文化研究范式之审视》，载《法学评论》2009年第5期。

② 陈晓枫主编：《中国法律文化研究》，河南人民出版社1993年版，第5页。

其问题在于："非意识的客观存在，究竟通过什么具体途径决定人们的行为呢？对这一问题的解答可以说是整个文化科学理论的基石。简单地说，人的各种欲望和追求必须具有充分的'正当理由'，才可能成为社会所允许的一种行为，客观实在决定了各种'正当理由'的内容及其结构关系，也就决定了社会行为整体的取向。"①而"一系列的'正当理由'分别赋予他们所表征的对象以意义并按一定方式构成的体系就是文化"。② 而"正当理由"就是文化学所要研究的对象。因此，在文化科学看来，由于每一种文化都有地域性、民族性和历史传习性，因此，每一种文化的"正当理由"具有差异性，这种差异性决定了人们的行为方式的差异，反过来说，人们也只能按照该民族文化规定的方向去行为。对此，法律文化亦不例外。

正因为如此，法律文化也是一种行为方式的总和。因此，陈晓枫教授提出了自己的法律文化观："法律文化，是一定民族从历史传习中获得的、要求个体按特定模式进行法律实践和法律思维的指令系统。"③这一定义在后来的研究中进一步进行了阐明。④ 由于这种法律文化观认为法律文化在指令意义上属于观念范畴，因此，就必须要理解这种观念如何来影响现实的途径。对此，陈晓枫教授在阐述法律文化行为指令观的内容和结构的基础上提出了传统文化精神对现实的制约途径主要有三个，即语言、思维方式和政策。⑤ 这三个途径在以后

① 陈晓枫主编：《中国法律文化研究》，河南人民出版社 1993 年版，第 6 页。

② 陈晓枫主编：《中国法律文化研究》，河南人民出版社 1993 年版，第 9 页。

③ 陈晓枫主编：《中国法律文化研究》，河南人民出版社 1993 年版，第 13 页。

④ 陈晓枫：《法律文化的概念：成果观与规则观辨》，载《江苏行政学院学报》2006 年第 1 期；陈晓枫：《误读与解读：法律文化概念》，载《江苏行政学院学报》2013 年第 2 期。

⑤ 参见陈晓枫主编：《中国法律文化研究》，河南人民出版社 1993 年版，第 20-36 页。

的研究中又进一步进行了深化。其认为法律文化研究的主要路径存在于语言、符号和思维方式三个方面。① 从表面来看，虽然三个路径在表述上有很大的不同，但是若仔细分析，其在内容上基本一致，因为政策对法律的影响很大程度上具有符号性。因此，若要研究法律文化对宪法领域中的权力现象的影响也必须要注意上述三个方面：

（一）语言

从目前法律文化研究来看，语言问题似乎很少为学者所关注。尽管不少学者也通过追溯“法”等概念在传统语言中的表达来研究中国法律文化，② 但是语言在法律文化研究中的定位却研究不多。在众多法律文化研究中，陈晓枫教授对语言在法律文化中的地位给予了充分认识。他认为：“语言是客观存在上升到意识范畴的第一个过滤器。我们将可认识的对象，用一定词汇来概括、表述，而这个词汇之所以能恰当表达我们对客观事物的认识，是因为历代祖先长期反复地用这一词汇表达同类事物。每一个词汇中凝聚了本民族的历史情绪体验，这就决定了当我们用语言去称谓、描述某一事物时，产生了两种意义：一方面，我们用语言去表述了一件客观的事；另一方面，这件事表达出来时仅仅是一种‘说法’，一种中国式汉语中的说法。把现象上升为可以用语言表达的概念，语言就自然地赋予了现象一定的意义。这不仅意味着找不到适当语言词汇表述的事物，便失去了‘意义’，而且意味着，我们按照语言中凝聚的历史情绪和体验，来认识现实的事物。这使我们运用语言对法律现象进行思考时，必然遵循历史的传统。”③也就是说，不同民族的语言在各自的语境中具有独特的理解。忽视了这种语言的独特性，简单地将不同民族语言的类似词汇进行比较就会出现很大的误解。因此，法律文化研究必须关注汉语语

① 陈晓枫：《返视：法律文化研究》，载《河南省政法管理干部学院学报》2007 年第 2 期。

② 最为著名的研究就是梁治平的《“法”辨》。参见梁治平著：《梁治平自选集》，广西师范大学出版社 1997 年版，第 23-45 页。

③ 陈晓枫主编：《中国法律文化研究》，河南人民出版社 1993 年版，第 21 页。

言不同于其他民族语言的特点。值得注意的是，语言可以说是法律文化的基础途径，其会影响到其他方面，如思维方式。有学者认为："中国的法律思维，是用汉语为思维的物质载体，而汉语又凝结了汉族历史的体验和情绪，因此法律思维也在这种文化的规定之中。"①所以，我们必须重视语言学问题。

（二）符号

陈晓枫教授在最初的法律文化研究中采用了"政策"概念，此后采用了"符号"概念。"符号通常是指语言的语义之外，语法以及神话、传说、姿态、仪式、服饰、习惯中所蕴含的价值意义。"②显然，"符号"概念比"政策"概念在理论上更为抽象，更为丰富。这种符号在文化研究中是非常普遍的，因为文化学不仅强调对一个群体乃至一个国家正式的材料进行分析，也要通过田野调查来分析其非正式的材料，只有两者结合起来，才能真正反映一个群体乃至一个国家的整体文化。因此，符号既有有形的符号，也有无形的符号。若以一个更为人所熟知的概念，那么，符号类似于经验，因为经验既可以体现在有形的文本之中，也可以体现在无形的文本之中。正因为如此，在陈晓枫教授的法律文化研究中，其设置了一个"经验"概念。他认为："经验是历史传统的藏身之穴。什么是经验？经验是刚刚脱离了现象界的习惯规则……经验具有临时性、灵活性、易变性，未构成逻辑体系，总体特征是以'适宜'为原则……这样，就使各种'经验'随时面临公众心理的评判。"③因此，"在'经验'这个最重要的中介层次中，主要凝聚了一般公众的习惯心理。而口口相授、代代相传、家庭习染而构成的传统习惯心理，由此契入到法律制度体系中，在凡是法律制度有与传统习惯心理尖锐冲突的地方，习惯势力就会扭曲现行制度，向既

① 陈晓枫：《略论易象与中国法文化》，载《法学评论》2003 年第 6 期。

② 陈晓枫：《返视：法律文化研究》，载《河南省政法管理干部学院学报》2007 年第 2 期。

③ 陈晓枫主编：《中国法律文化研究》，河南人民出版社 1993 年版，第 35-36 页。

往回复”。① 所以，必须充分挖掘一个群体乃至一个国家的符号或者经验，以此为基础来研究文化的影响非常重要。

(三)思维方式

同样，思维方式在法律文化研究中也没有完全受到重视。尽管近年来有学者对此给予了一定的关注，但是，这种关注显然是不够的。而陈晓枫教授早在20世纪80年代法律文化热中就对思维方式给予了关注。他最初提出的思维方式包括思维模式、致思途径、价值结构和情感方式四个维度，而思维定势属于思维模式的一个方面。此后，其将思维方式概况为三个方面，即思维模式、致思方法和思维定势。实际上，这三个方面依然没有脱离上述四个维度，只不过在这个思维方式体系中，思维定势得到了特别的强调。这一体系的提出无论在当时还是现在的法律文化研究中都是非常具有原创性的。思维方式在法律文化研究中的定位使法律文化对现实的影响的结构更为清晰。首先，思维方式的第一个部分是思维模式。陈晓枫教授认为，中国法律文化的思维模式体现为多归诸一，主客体兼容，也就是说，思维主体不独立，自然界、人类社会和思维规律均通过天、道、一来统摄，事物的多样性被统一性包容，思维对现象的把握，须归诸一的规定。这种思维模式在法律或者法学现象上就有多种表现，如表达为维系一元权力(最高权力不分立制衡)，表达为法统一于阶级意志，表达为犯罪统一于社会危害性，表达为诚信为帝王条款，表达为程序服从争端的实体解决。② 其次，思维方式的第二个部分是致思方式。陈晓枫教授最初将其概括为“直观外推的致思途径”，③ 后来又将其概括为“直观外

① 陈晓枫主编：《中国法律文化研究》，河南人民出版社1993年版，第36页。

② 陈晓枫：《返视：法律文化研究》，载《河南省政法管理干部学院学报》2007年第2期。

③ 陈晓枫主编：《中国法律文化研究》，河南人民出版社1993年版，第42页。

延的致思途径，阴阳互易的致思方法”。① 在这种致思途径或方法下，其思维不存在确定的逻辑规则，主要通过比、兴、赋的方式进行直观联想。② 最后，思维方式的第三个部分就是思维定势。陈晓枫教授认为：“思维定势可以概括为概念在思维过程中的固定趋向。一方面，它是由概念本身的功能所决定的，即一个概念本身的含义决定了它可能与另外一些概念相联系，从而组成一个命题，表达一个思想；另一方面，它又受思维习惯的影响，一个概念固定地、反复地与另一个概念联系，或者排斥于另一概念联系的可能，使人们进行思维时，选择了一定概念，则必然导致表述由习惯所规定的思想内容。”③而“思维定势与词语的功能有密切联系。语词的功能规定了一定的概念与别的概念黏合的可能性，从而引导思维趋向文化所限定的方向发展。但是将一定的事实与概念相对应，而且在多重的选择可能性中，仅选择特定的概念组合这显然不是简单的词语功能问题了。事实上，人们在选择一定的词语概念去表述事实时，总是用从经验、习俗和教育中所获得的知识来看待他们选择的词语与所表述事实之间的关系，从而决定他们的选择。而且，当一种事物有多种处理方式时，人们也是根据已经获得的经验来采取他们认为合适的处理方式，因而使他们对事物过程、事物性质的描述、评判与经验相符合，对事物的处理与传统相符合”。④ 按照他的说法，概念的组合方式凸显了人们的思维定势，因此，这些语词的组合反映了人们对事实的评判，也反映了人们的好恶。

由此可见，要对权力进行法律文化分析，就必须结合表达权力现

① 陈晓枫：《返视：法律文化研究》，载《河南省政法管理干部学院学报》2007年第2期。

② 参见陈晓枫主编：《中国法律文化研究》，河南人民出版社1993年版，第42页。

③ 陈晓枫主编：《中国法律文化研究》，河南人民出版社1993年版，第23页。

④ 陈晓枫主编：《中国法律文化研究》，河南人民出版社1993年版，第23-24页。

象的概念来探究。只有这样，才能将法律文化研究奠定在更为有效的基础之上。

第二节　中西方法律文化的权力观

近代以来，中国人在认识西方政治体制时常常认为，其实行的是三权分立体制。在这种认识基础上，立法权、行政权和司法权的区分成为人们认识各国政治体制的基本标准。然而，三权的划分仅仅是17、18世纪孟德斯鸠以及当时时代宪法语言的产物，因此，这就需要提出一个问题：三权的划分能否代表西方法律文化的重要特征之一呢？从西方法律文化研究来看，西方学者似乎并没有这种认识。例如，德国法学家维亚克尔认为，欧洲法律文化有三个主要特色：一是人格主义，即在人与自然关系方面存在主体与客体之分的观念，以及在人际关系中的"一个对一个"关系，而非"一个和另一个"或者"众人一体"的观念；二是法则主义，即主要通过法律调整社会关系和主要诉诸法律解决社会冲突的观念，以及法律的效力不依赖道德、社会和政治等外在价值和目的的观念；三是理智主义，即西方认知和理解法律现象的独特方式，也就是把法律作为一种认知对象进行思考，并对日常法律现象和经验材料进行理论化的反思、概念的把握和系统化的整理。① 又如，弗里德曼认为现代法律文化主要表现为四点：一是权利本位；二是自由优先；三是选择至上；四是宽容为怀。② 即使是国内学者在讨论所谓西方法律文化时也没有出现将分权作为西方法律文化的特征之一。例如，王志华教授认为："西方传统法律文化的基本精神可以概括为自由、平等、民主、法治这四项基本原则，每一原则都有其特殊的内涵，并与其他原则紧密相连，形成一个完整的传统法

① 高鸿钧：《法律文化与法律移植：中西古今之间》，载《比较法研究》2008年第5期。

② 高鸿钧：《法律文化的语义、语境及其中国问题》，载《中国法学》2007年第4期。

律文化体系。”①而高鸿钧教授在弗里德曼基础上所归纳的现代法律文化的六个特征：一是权利本位；二是自由选择；三是机会平等；四是民主参与；五是多元互动；六是趋向宽容。② 这些归纳几乎不涉及所谓的分权问题。③ 其实，任何一种政治体制，不可能只合不分，也不可能只分不合，问题的关键在于：合与分的比重。亨廷顿明确指出："各国之间最重要的政治区别，并不在于政府统治形式的不同，而在于政府统治程度的高低。”④也就是说，对于政治体制的判断标准应该是其统治的有效程度，而不是空洞的口号。这里所说的统治程度在法律文化看来必然呈现出不同地域民族的特色。同时，在判断一个民族的权力观时不能简单地围绕一个国家的法律尤其是宪法来判断，而必须基于整个民族和国家的基础上来进行比较。只有这样，才能真正了解这个地域群体的权力观念。近代以来文化学研究好言东方与西方，而改革开放以来法律文化研究好言中西。由于本书侧重于分析中国法律文化，因此，这里采用中西两分法，但这并不意味着西方就是铁板一块，毫无差异，但是在总体上其还是呈现出某些一致的特征。例如，有学者认为西方法律文化的核心是理性主义。⑤ 从目前研究来看，中西法律文化研究对权力观的研究比较深入的学者是梁漱溟先生。他在《中国文化要义》一书中认为，中国政治的特殊点之一就是“权力一元化”。⑥ 这种观点似乎影响了以后法律文化学者对权力的基本认识。笔者以为，中西法律文化在权力观念上的差异就在于合与

① 王志华：《解读西方传统法律文化》，载《中国政法大学学报》2012 年第 1 期。

② 高鸿钧：《法律文化的语义、语境及其中国问题》，载《中国法学》2007 年第 4 期。

③ 当然，如果在上述归纳的概念中引申出所谓分权问题，则是另一个问题了。

④ 亨廷顿：《变革社会中的政治秩序》，华夏出版社 1988 年版，第 1 页。

⑤ 朱海波：《理性主义视角下的中西传统法律文化差异》，载《比较法研究》2007 年第 6 期。

⑥ 梁漱溟：《中国文化要义》，上海人民出版社 2011 年版，第 173 页。

分的侧重点不同，中国法律文化强调的是合，而西方法律文化强调的是分。此外，这里所说的合与分，并不仅仅强调政治权力的合与分，而是体现在政治权力与社会权力的合与分。后者才是真正理解中西法律文化权力观的差异的重点。因此，中国法律文化强调的是合大于分的一元化权力观，而西方法律文化强调的是分大于合的二元化权力观。正是这两种权力观的差异决定了中西方人们在认识政治权力时存在差异。

一、一元主义：合大于分的权力观

目前中国法律文化研究对于传统中国政治模式的认识基本停留于所谓中央集权的专制政体，并且认为这种模式阻碍了商品经济的发展。例如，有学者认为："专制政体、自然经济与宗法社会的'三结合'，构筑了足以抵御商品经济侵袭的天然屏障。正因如此，中国古代社会虽然缓慢发展，却一再失去飞跃的机会。"①又如，有学者认为："中西古代国家政体的一个主要差异，就是西方的民主制(选举、罢免等)、分权制的因素比中国多。"②还有学者在进行中西法律文化比较时认为"从中国集团本位法的内容和实质看，民众的公、私权利都受到严格限制和基本的轻视，体现国家主义的君权和体现家族主义的族权、父权、夫权的确成了束缚中国人民的四大绳索"。③ 还有学者认为："专制主义才是中国法律文化的最根本精神。"④这些认识均认为中西法律文化在政治领域具有本质上的差异，对于认识权力观念具有一定的意义。问题的关键在于：这种所谓的专制的权力观念和结构是如何表现的？

① 武树臣等：《中国传统法律文化》，北京大学出版社 1994 年版，第 732 页。

② 何勤华等：《中西法律文化通论》，北京大学出版社 1994 年版，第 35 页。

③ 张中秋：《中西法律文化比较研究》，南京大学出版社 1999 年版，第 56-57 页。

④ 马作武：《传统法律文化的价值评价》，载《学术研究》2003 年第 12 期。

同时，在政治文化研究领域，不少学者对传统中国的政治权力结构提出了进一步的反思。例如，刘泽华教授指出，王权主义是中国传统专制社会始终存续的根源，这种“王权主义既不是指社会形态，也不限于通常所说的权力系统，而是指社会的一种控制和运行机制。大致来说又可分为三个层次：一是以王权为中心的权力系统；二是以这种权力系统为骨架形成的社会结构；三是与上述状况相应的观念体系”。① 又如，杨阳教授在解释传统中国的秩序观时指出，一元主义是中国传统秩序观与秩序模式的表现形式，这种模式区别于二元主义这种中世纪以来的西方秩序观与秩序实现模式。而一元主义秩序观建立在三个原则基础之上，即政治体系与意识形态高度一体化，政治权威与意识形态权威合而为一，政治秩序与文化秩序一体同构。② 这些观念不再局限于政治部分，而是将政治与社会结合起来认识。

从上述分析来看，政治文化研究者和法律文化研究者既有相同点，也有不同点。首先，两者均认为传统中国政治属于专制结构，这种结构在权力分配模式上以君权为核心。其次，政治文化研究者将政治和社会结合起来研究，实际上就是将一个国家视为一个整体来进行分析，而法律文化研究者则将政治领域（包括法律领域）从国家中抽离出来，作为特定的研究对象。笔者以为，两者各有长处，政治文化研究者侧重于整体性分析，而法律文化研究者侧重于权力的分配分析。这些研究虽然具有一定的意义，但是却无助于人们对中国法律文化关于权力的认识。对此，有学者在研究法律文化时提出了“范畴”的概念，将中国法律文化归纳出种种范畴，如“同一”范畴、“序别”范畴、“安定”范畴和“时机”范畴等。③ 在这些范畴中，与权力观最

① 刘泽华：《中国的王权主义——传统社会与思想特点考察》，上海人民出版社 2000 年版，引言第 2 页。

② 参见杨阳：《“一元”与“二元”：两种秩序观及秩序模式——对中国传统秩序观与秩序模式的结构与功能的初步清理》，杨阳：《文化秩序与政治秩序——儒教中国的政治文化解读》，中国政法大学出版社 2007 年版，第 15 页。

③ 参见陈晓枫主编：《中国法律文化研究》，河南人民出版社 1993 年版，第 44-54 页。

为密切的就是“同一”范畴。这种范畴在权力体系结构上的表现就是“中国即实行‘权统于一尊’的权力分配方式”。① 这种权力分配方式不仅体现在政治体系之中，而且也体现在社会体系之中，如家族。因此，结合上述研究，可以认为，权力一元化模式正是中国法律文化权力观的体现。这种权力一元化不仅是指政治领域必须有一个权力核心，而且表现在社会领域也必须以这个权力核心为依归。也就是说，无论是政治还是社会，均表现出“同一”的法律文化范畴。这种权力“同一”范畴必然制约着中国政治和社会权力的运作方向。

那么，这种一元化权力结构是如何形成的。文化学认为，原始初民的精神体验会影响特定群体或国家的未来经验。因此，从目前研究来看，许多学者认为，其与国家形成的路径有很大的关系。例如，杨阳教授认为中国一元主义秩序观的形成与中国国家的生成路径有很大的关系：“酋邦社会的酋长制，在国家起源过程中到底是被逐渐解构，还是进而演化成为君主专制制度，主要取决于国家生成路径。采取说服—合并路径，各部族分享共同体权力，当然不会造就拥有绝对个人权力的君主，酋长制也就会在不断的立法中被解构。但采取征服—合并路径，胜利方酋长的权力就会逐渐被强化，直至发展为专制君主制。”②而中国君主专制制度的起源显然与征服—合并的国家生成路径有莫大的关系。这种酋邦理论宏观解释国家形成和演变具有一定的解释力。但是，其虽然解释了中国早期国家起源问题，但是在历史中到底是如何建构起国家形态的？论者往往以宗法制概论之。问题在于：宗法制与一元化权力结构之间是如何对应的。对此，陈晓枫教授将中国国家建构方式归纳为“成德”和“建德”两种方式，并认为：“按照‘成德’或‘建德’的方式组织的‘德治’国家，是一个被放大了的家

① 陈晓枫主编：《中国法律文化研究》，河南人民出版社 1993 年版，第 164 页。

② 杨阳：《论中国国家的生成路径及其影响——中国早期君主制及政教合一政治体制与政治文化的起源》，杨阳：《文化秩序与政治秩序——儒教中国的政治文化解读》，中国政法大学出版社 2007 年版，第 76 页。

族。家庭为实现职能而存在的自然分工，诸如尊统卑，卑从尊，长爱幼，幼顺长，权责不分，尽心而已等特点，全部移植于国家之中。国家各组织不存在权力制约问题，依顺宗法运转，以体现爱、协、率、从的准则，每一级组织，从天子到乡邑大夫，都是一个五脏俱全的独立权力单位，每一级组织的首领，握有军、政、司法、经济、宗教大权，形成一级叠一级的专制权力结构，使国家制度烙上专制的印迹。”①这种德治的模式在国家制度上的表现形式就是人们追求诸权统一，而在思想形态上则表现为“亲亲、尊尊”的观念。这样，权力一元化模式的文化根源就清晰地呈现在人们的面前，而这种法律文化对后世始终在发挥着作用。

二、二元主义：分大于合的权力观

对于西方法律文化中的权力观，正如前述，不少学者认为，西方实行的是分权体制，并且将权力划分为立法权、行政权和司法权三种。然而，这种划分并不能作为西方政治体制的法律文化本质，况且这种权力划分模式并不能涵盖所有的国家机构，如国家元首。这就提出了一个问题：西方人的权力观到底是什么？从前述杨阳教授的观点来看，其认为中世纪以来西方秩序观与秩序实现模式主要是二元主义。笔者认为，这种观点是值得注意的，因为在西方，自中世纪以来，政治与社会之间始终处于若即若离的状态之中，也就是说，政治始终无法整合社会，社会也难以完全吞没政治。这并不是说，西方历史上并不存在政治统治社会的整合可能，而是说，这种整合可能性由于历史的原因被打断了。这种政治与社会分离的状态必然影响到权力体系的运作，从而在观念上表现为分权观念，在制度上表现为权力制约权力的形态。不过，这里所说的制约与其说是权力之间的制约，不如说是政治与社会之间的制约。这一点集中体现在英国宪法史之中。对此，有学者在比较中世纪中英法律文化差距时认为，社会力量与王

---

① 陈晓枫主编：《中国法律文化研究》，河南人民出版社 1993 年版，第 83-85 页。

权斗争的局面有助于英国宪政的形成。① 还有学者指出：“法律对王权的制约，还须依赖社会力量保障制约的实现，而英国的社会结构，正好具备了这种制约所需的条件。”②这些研究均超越了所谓的三权分立的政治领域，而延伸至社会领域。只有这样，才能真正理解西方法律文化中的权力观。那么，这种二元主义权力观表现在什么地方呢?

首先，中世纪的二元主义权力观主要表现为政权与教权两个权力中心的存在。也就是说，在这一时期，政权与教权并存，存在着两个不同的权力中心，这两个权力中心按照各自的权力体系来进行运作。对此杨阳教授指出：“二元主义秩序理念，在中世纪的欧洲不仅仅是一种文化，还是一种活生生的现实秩序图景，一种特殊的秩序实现形式。它以二元主义秩序观为文化背景，以教权与王权两个权威中心并存，分别统辖教会与政府两套体制系统，各自依照不同的规则管理不同的领域，承担不同的职能为主要特征。它们所管辖的是同一个社会，在职责履行时，当然也有相互帮助的义务，管理的领域也不可能是泾渭分明的，但是它们之间的大致分工却是清晰可见的。”③这里的教会就是指中世纪的天主教会，而政府则是各国国家组织。两种组织体系相互影响，相互斗争，可以说构成了中世纪社会变迁的基本路径。对于个人来说，“在这样一种秩序模式下，人们的生活被劈成两半，分别承担宗教和政治的义务，形成了国家、教会、个人三维动态关系。对个体来说，不论是教会，还是国家，都不能控制他生活的全部。出于限制对方、扩大自身权限的需要，国家和教会都刻意地将自己打扮成人民利益的维护者，这在一定程度上制约了权力的滥用和暴

① 杨师群：《中世纪中英法律文化差距例论》，载《南京大学法律评论》2006 年春季号。

② 陈晓枫、苏艾平：《英国封建政治的特质与宪政的生成》，载《法学评论》2007 年第 5 期。

③ 杨阳：《“一元”与“二元”：两种秩序观及秩序模式——对中国传统秩序观与秩序模式的结构与功能的初步清理》，杨阳：《文化秩序与政治秩序——儒教中国的政治文化解读》，中国政法大学出版社 2007 年版，第 4 页。

政的出现”。① 也就是说，国家、教会和个人之间形成了一个动态的平衡。毫无疑问，这种权力运作体系对于西方法律文化的影响是巨大的。

其次，近代以来的二元主义权力观主要表现为政治国家与市民社会两个权力中心的并存。上述二元主义权力观即使进入近代西方依然没有完全消失。从理论上来看，政治国家与市民社会始终是西方理论家的基本立场。而从实践来看，随着教会角色的转化，政府也开始进入原有教会的管辖领域，但是政府的延伸仅仅局限于对社会的管理，而没有完全介入思想领域。这种模式就是所谓的政教分离模式。这种模式不同于中世纪的政教分离模式，而是一种全新的模式，也就是说，“这不仅表现为文化和政治都成为相对自主的领域，更表现在政府事实上已成为国家整体秩序的唯一守护者。政府没有独掌意识形态话语霸权的资格，也不能介入实体性价值的冲突，它不是共同体的意识形态、宗教或文化权威中心，其主要功能是在确保政治秩序的情况下，为文化秩序、经济秩序的自主形成和自由发展提供现实的保障。但是政府却是一切领域主要规则的制定者和执行者，这些领域的秩序最终都依赖政府去维持”。② 不过，虽然该作者没有使用政治国家、市民社会等西方政治理论中常用的概念，但是笔者以为，这种所谓的政教分离模式实际上就体现了政治国家和市民社会之间的复杂关系。在某种意义上来说，西方所谓的权力三分的政治形式恰恰是市民社会存在的需要，离开了市民社会来讨论西方的权力观必然只看到其某一方面。而政治国家和市民社会各自具有独特的权力逻辑，彼此之间始终对立。正是这种对立决定了西方法律文化的独特性，也进一步决定了其对权力认识的特点。

---

① 杨阳：《“一元”与“二元”：两种秩序观及秩序模式——对中国传统秩序观与秩序模式的结构与功能的初步清理》，杨阳：《文化秩序与政治秩序——儒教中国的政治文化解读》，中国政法大学出版社 2007 年版，第 5 页。

② 杨阳：《“一元”与“二元”：两种秩序观及秩序模式——对中国传统秩序观与秩序模式的结构与功能的初步清理》，杨阳：《文化秩序与政治秩序——儒教中国的政治文化解读》，中国政法大学出版社 2007 年版，第 7 页。

由此可见，西方法律文化的权力观与中国法律文化的权力观是非常不同的。这种差异在近代以前就已经出现了，而这种差异必然对近现代中西方产生深远的影响。

第三节　统治权类型的法律文化分析

统治权类型在近现代中国的出现，其表明权力集中于一的权力分配模式始终存在于近现代中国。对此，论者往往一言以蔽之，“专制”。然而，简单地用“专制”来评判恰恰反映了论者忽视了历史变迁的复杂性，从而带有独断论的色彩。对于统治权类型的评价，显然也必须摒弃近代以来学者动辄以专制眼光来认识政权类型的思维定势。因为，从历史来看，随着传统中国君主制的转型，近现代中国统治权类型恰恰均是对传统中国君主制专制性的否定。不过，这种否定并不能否认传统中国君主制的影响。那么，我们应该如何对这种法律现象进行文化分析呢？

一、近现代宪法史中权力现象的法律文化分析

自近代西方意义的宪法进入中国以来，近现代中国宪法史中所出现的种种奇怪的宪法现象引起了多学科的思考。法律文化分析就是其中之一。早在20世纪80年代以来的法律文化热中，陈晓枫教授就对近现代宪法史中的权力现象进行过深入的分析。他认为：近现代中国“这种‘宪政’的实质仍是‘德政’。一方面，‘天地人主，一也’，最高权力的来源和行使绝不容限制；另一方面，‘王道配天’，即最高权力的合理性，受虚妄的‘道’的限制。这种‘道’就是民众不反抗，只要民众安定，此权则有道，倘使人民群起反抗，再由‘得道’者根据自己的武装实力重新分配国家权力。”①这一表述可谓一语中的。有意思的是，尽管法律文化研究对近现代中国法律进行了关注，但是真

① 陈晓枫主编：《中国法律文化研究》，河南人民出版社1993年版，第141-142页。

正对法律现象展开法律文化分析的研究成果并不多，其中包括对权力结构的分析。不过，最引人注目的是以陈晓枫教授为代表的武汉大学法学院法律文化研究队伍对近现代中国宪法的文化分析。早在20世纪末期，陈晓枫教授就展开了对《中华民国临时约法》的文化分析。在分析中，他认为，临时约法制定过程中体现了传统政治文化中权力归诸一元的价值追求，因为革命党人所采取的虚化总统权力、将权力高度集中在议会和其控制的内阁之中的立法追求，既不是总统制，也不是责任内阁制，从结构上丧失了权力制衡的宪政意义，比较充分地表现了一元化思维方式在宪法设计中的限定和制约作用。① 进入21世纪，此种分析渐次展开。在分析中国军阀政治的传统文化根源时，作者认为："以割据分裂为特征的军阀政治是中央专制集权统治的对立面和派生物。军阀政治的一个最大的特点就是不断混战、扩充实力、吞并其他军阀势力，有了这样一个动力在推动，军阀们会陷入'弱肉强食、优胜劣汰'的自然规律，最终会由一个实力最为强大的军阀来完成国家统一。"②而在分析近代中国立宪中的传统直观思维时，作者指出："近代中国的立宪运动始终朝着权力一元化方向发展。在近代中国这个一元权力的'原点'表现为不同政治力量对于国家权力的一元化要求。各种政治力量通过各种方式，或武力的，或法律的，甚至是贿选的手段，将国家的公共权力牢牢地控制在自己的手里，然后以自己为权力体系的'原点'进行权力的再分配。"③在反思《钦定宪法大纲》时，作者从文化的更新和沉淀角度指出："中国皇帝的君上大权，或其后任何一个主权者之权，从此则须由宪法来提供其

---

① 陈晓枫：《〈中华民国临时约法〉的文化透视》，载《武汉大学学报》1999年第6期。

② 陈晓枫、许驰：《论中国军阀政治的传统文化根源》，载《法学评论》2005年第6期。

③ 陈晓枫、易顶强：《略论传统直观思维范式下的近代中国立宪》，载《法学评论》2006年第4期。

合法形式，并在同时设定其权力的边界。”①在反思辛亥革命失败时，作者指出，辛亥革命失败的根源在于其并没有解决政治体制结构中的三个要素：权威核心、武装力量和民主形式。② 在中国法制史研究中，作者们专门设计了国家基本法史研究，其将中国国家基本法的特征之一归纳为“一元化的最高权力”③或者“一元化的权力配置”。④此外，受到上述研究思路的影响，也有学者在分析天坛宪草失败时认为，天坛宪草所设计的体制是议会立法权主导的权力结构，这种权力结构反映了一种一元权力模式，其受到了传统文化中权力归诸一元的思维方式。⑤ 通过结合特定的宪法文本和历史事件，一元主义权力观在宪法史中的表现得以解释。

二、统治权类型反映了一元主义权力观

尽管很多学者引用了相关宪法文件中的统治权条款，但是对于统治权概念何以在宪法文件出现却没有进行研究，更不用说对统治权现象进行法律文化分析。即使前述的宪法文化研究也仅仅对某一宪法文件进行分析，而没有结合存在统治权条款的所有宪法文件进行系统的分析。这种研究虽然具有理论上的指导意义，但是法律文化如何影响这些宪法文件的路径并不清晰。笔者以为，根据前述权力现象的法律文化研究思路，可以从语言、思维模式和符号三个方面对统治权类型进行法律文化分析。

---

① 陈晓枫、毕玉玲：《更新与沉淀——〈钦定宪法大纲〉颁布百年之际的反思》，载《法学评论》2008 年第 6 期。

② 陈晓枫：《从辛亥之殷鉴到“三大法宝”——中国制宪特征探析》，载《河南省政法管理干部学院学报》2011 年第 5-6 期。

③ 陈晓枫主编：《中国法制史新编》，武汉大学出版社 2007 年版，第 115 页。

④ 陈晓枫、柳正权：《中国法制史》，武汉大学出版社 2012 年版，第 293 页。

⑤ 李小萍：《〈中华民国宪法草案〉胎死腹中的法律文化透视》，载《江西社会科学》2012 年第 12 期。

第一，从语言上看，围绕“统治权”所形成的概念体系是非常庞大的。“统”、“治”、“权”均是中国古典汉语中经常使用的词汇，这些词汇体现了历代祖先的自上而下的历史情绪体验，因为无论哪一个词汇均需要有一个主体来进行。在这些字中，“权”这个字特别体现了中国的文化精神。因此，以“权”字为基础形成的很多词汇均体现了当时人们的观念，如“统治权”、“主权”、“政权”、“治权”、“立法权”、“行政权”、“司法权”等。同时这些权力词汇在运用过程中和不同的主体概念相联系，如君上、皇帝、临时大总统、大总统、大元帅、国民政府、中国国民党等。两者在近现代中国立宪过程中的组合和运用，一方面反映了人们对近现代中国政权的权力结构的描述，也通过这些词汇间接传递了传统中国法律文化的精神。

第二，从符号而言，不同政治集团所使用的行为习惯也反映了统治权类型的相似性。尽管从表面上看政权更迭频繁，但是不同政治集团的行为习惯，如概念的使用，均呈现出相似性，这表明置身于历史之中的人们似乎存在着共通的经验。例如，“总揽统治权”在晚清和袁世凯时期的表达。又如，“总揽治权”在国民党统治时期的普遍存在。在当时人们看来，这种总揽模式显然是一种当然的权力结构。而对于不同政治集团而言，这些做法似乎成为其获得政权后所建构政权的必然选择。值得注意的是，前一政权的经验对后一政权起到了示范作用。

第三，从思维方式来看，不同政治集团在评述其他政权时使用了具有非常强烈感情色彩的词汇。例如，革命党人对清政府的统治称之为专制统治。又如，国共合作时期对北洋军阀统治的否定常常使用反革命统治等词汇。此外，在国民党统治时期，当时社会各界认为国民党统治是一党统治、一党专政、独裁统治等。这些用法反映了在人们的思维方式中呈现出非此即彼的认识框架。也就是说，己方政权是合法的，而对方政权是不合法的，而合法和不合法的判断标准就是所谓革命与反革命、民主与独裁等。这种认识路径体现了当时人们的思维方式。

所以，从前述统治权类型来看，君主、大总统和国民党等统治权主体均掌握着军政大权，包括立法权、行政权、军事权、司法权。这种以一个主体掌握统治权的权力结构模式显然反映了一元化的权力分配模式，也就是说，虽然这种权力结构也会将权力划分为若干种类，但是，在每一种权力种类之上必定存在着一个总揽机关。从统治权的产生来看，无论是袁世凯还是国民党，其均认为政权的获得并不是民意直接授予的，而是通过武力征服从前一个政权掌握者手里夺取的。而从统治权的分配来看，权力是从君主、大总统乃至国民党开始，自上而下进行分配的，因此每一个权力单位均必须服从于上一个权力单位，同时，每一个权力单位本身也是一元化运作的。也就是说，无论是纵向的权力关系还是横向的权力关系，均必须有一个权力中心。只有这样才能保证权力的正常运作。不过，与传统中国君主权力一元化模式相比较，从 1924 年国民党改组之前，该种权力一元化运作方式基本上是以君主、大总统、大元帅等自然人个体为权力核心而展开的，在政治体系中是单层结构的，也就是说二合一的权力结构；而在改组之后，这种权力一元化运作方式出现了以政党作为权力核心而展开的，在政治体系中是双层结构的，也就是说一分为二的权力结构。从中国历史来看，这种双层的权力结构改变了以往中国的权力运作方式，一方面，统治权作为一种特殊的权力始终存在，其作为一种权力结构的内核；另一方面，宪法文件所确认的权力结构作为一种权力结构的外核。当然，这种外在的权力结构必须服从于内在的权力结构，从而整体上依然呈现出权力一元化运作的特点。

第四节　统治权类型的批判与反思

由于受西方所谓民主思想之影响，权力一元化模式在近现代中国受到了强烈的批判，这是因为，上述模式即使在辛亥革命之后亦始终存在。孙中山就指出：“夫去一满洲之专制，转生出无数强盗之专制，其为毒之烈，较前尤甚。”①李大钊也指出：“革命以前，吾民之

---

① 《建国方略》（一九一七到一九一九年），孟庆鹏编：《孙中山文集》，团结出版社 1997 年版。

患在一专制君主；革命以后，吾民之患在数十专制都督。”①陈独秀更是指出：“吾人于共和国体之下，备受专制政治之痛苦。”②这种批判显然是集中于清末君权和北洋时期军阀如袁世凯这样的独裁统治的。即使在国民党统治时期人们对于训政的批评也一直存在。

同时，由于统治权类型主要是在非正式的宪法中予以规定的，因此，即使这些非正式的宪法规定了人民的权利种类，但这种非正式的宪法也往往被视为假宪法、伪宪法。例如，宋教仁在评述《钦定宪法大纲》时指出：“语曰：先圣后圣，其揆一也。观此今日朝廷之立宪，不其然哉？今古史上第一专制君主秦始皇帝之大一统也，诏曰：朕为始皇，二世、三世至于万世。而朝廷宣布宪法，亦曰：大清皇帝万世一系，永远尊戴。近世史上第一荒淫君主明武宗之威天下也，自封为镇国公威武大将军；而今圣天子涣汗大号，亦曰：朕亲任大清帝国统率海陆军大元帅……噫，孰谓中国古世无完全美备之立宪制度可师法也耶！”③有意思的是，不同政治集团对对立政治集团制定的宪法文件始终持否定的态度。例如，革命党人对《钦定宪法大纲》的否定。又如，国民党对袁记约法、1923 年曹锟宪法的否定。此外，中国共产党对训政时期约法和 1947 年中华民国宪法的否定。若摒弃意识形态的纷争，而还历史的真相，那么，我们有必要反思一下这些批评为什么会出现？也就是说，对方是专制，自己是民主，对方是独裁，而自己是专政。实际上，统治权类型说明传统的权力一元化模式已经开始受到挑战。这种挑战表现为统治权类型本身就是一个特殊历史阶段的产物，一方面，这种权力一元化模式依然得以存在；另一方面，这些一元化权力模式始终并不为近现代中国宪法所认可。从语言变迁来看，“统治”、“统治权”概念开始在 20 世纪 30 年代后期逐渐被批判

① 《大哀篇》，《李大钊文集》，人民出版社 1984 年版，第 6 页。

② 陈独秀：《吾人最后之觉悟》，任建树等编：《陈独秀著作选》(第 1 卷)，上海人民出版社 1993 年版，第 179 页。

③ 《中国古宪法复活》，民国前一年(1911 年)四月八日上海《民立报》，中国国民党中央委员会党史史料委员会编：《宋教仁先生文集》(上册)，中国国民党中央委员会党史史料委员会 1982 年版，第 477 页。

并放弃。这说明，统治权类型已经开始转型。

问题的关键在于，政治斗争中的批判并不能替代理性的反思。从历史来看，统治权类型虽然最终并没有体现在正式的宪法文本之中，但是历史所造就的权力层二分的结构始终没有消逝。这说明权力一元化的法律文化精神始终在制约着政治现实。对此，近代以来受西方政治理论影响的人们始终对之嗤之以鼻，认为是一种过时的、落伍的权力观。然而，笔者以为，既然法律文化依然在发挥着其独特的影响，历久弥新，那么我们是否可以重新理解这种权力结构呢？在某种意义上来说，任何一个国家共同体大致可以划分为政治领域和社会领域两个层面，相应地，在权力体系上也可以划分为政治权力（宪法通常所确认的立法权、行政权和司法权等权力均纳入其中）和社会权力（可以将利益集团等纳入其中）两个体系。对于一元化权力观来说，政治领域和社会领域是整合在一起的，政治权力和社会权力也不例外，在总体上必须服从于一个权力中心，也就是说，这个权力中心既控制政治权力，也必须影响社会权力，从而成为联系政治领域和社会领域的纽带。对于二元化权力观来说，政治领域和社会领域是分离的，政治权力和社会权力必须绝然对立，这种认识虽然在近代以来已经有所变化，但是其基本上没有大的变化，也就是说，从总体上来说，其各有权力中心在控制不同领域的运作，不过，总的来说社会权力的力量较为强大。此外，这并不意味着一元化权力观必然是单极化运动。若打一个不恰当的比方，从易理来看，阴阳之间的转化运动是时刻存在，也就是说，权力一元化运作恰恰并不是僵化的如西方式将政治和社会决然分开那样，而是如道一样变动的。这种变动不可能如当代人所认为的传统君主制自上而下的专制那样单方面运动。这恰恰反映了中国法律文化在权力观上的独特性。或许我们应该摒弃非此即彼的西方式思维来重新审视本民族的法律文化。

结 束 语

一

正如前面指出，中国共产党在建立革命根据地时期始终对统治权类型进行了深入的批判。尽管在苏维埃政权时期，中国共产党希望以人民共和国的统治来取代帝国主义和国民党反动派的统治，但是在革命话语中，“统治”、“统治权”始终是在贬义层面使用的，而获得正当性的词汇是“专政”。这个词汇的出现虽然来源于所谓的独裁，但是在汉语语境中已经开始和独裁相区分。同时，中国共产党所坚持的革命话语由最初的工农民主专政、无产阶级专政转变为人民民主专政。这种转变并不是概念的游戏，而正反映了中国共产党试图解决以往的统治权类型问题。在苏维埃政权时期，中国共产党就对所谓以党代政现象进行了批判。当时的许多报告中指出党与政之间的不正常现象。“许多事情为图省便，党在那里直接做了，把政权机关搁置一边。这种情形是很多的。”①“特委的事总是书记一个人处理，个人专政，书记独裁，成为边界的通弊。”②“党的威权很大，可以说党权高于一切，从反面来说，就是我们工作的没有深入群众。”③也就是说，

---

① 《井冈山的斗争》(一九二八年十一月二十五日)，《毛泽东选集》(第1卷)，人民出版社1991年版，第73页。

② 《杨克敏关于湘赣苏区情况的综合报告》，江西省档案馆、中共江西省委党校党史研究室：《中央革命根据地史料选编》(上)，江西人民出版社1982年版，第41页。

③ 《杨克敏关于湘赣苏区情况的综合报告》，江西省档案馆、中共江西省委党校党史研究室：《中央革命根据地史料选编》(上)，江西人民出版社1982年版，第46-47页。

在这一时期，出现了个人专政和书记独裁的现象，这种现象显然也是权力一元化模式的表现。在抗日民主政权时期，中国共产党开始实行的三三制，实际上就试图解决这一问题。尽管这一时期也开始强调党的一元化领导，但是这种一元化领导必须尊重三三制的存在。以边区中共中央西北局为例，其指出：党团对政府的领导不能“超越政权组织直接下命令指示解决问题，强制党外人士服从的权利，他的一切决议，只有经过自己党员的努力在政府会议或参议会中，说服非党人士得到通过，才能发生效力”。① 但是在实践中，不能正确处理好党的一元化领导问题的现象依然存在。例如在参议会中，“极大多数干部党员在思想及工作习惯上仍保持过去党政不分，把持包办的精神”，“把参议会看成党内会议一样”。非中共人士担任边区政府教育厅厅长后，该厅许多中共党员要求辞职。② 尤其是在乡一级政权，一切工作“都是由支部书记召集会议决定后，命令群众执行，群众非常不满意这种秘密会议决定一切的办法”。③ 这种现象说明，尽管中共在革命根据地时期试图根据形势需要进行变革，但是当时并不能彻底解决这一问题。新中国成立后，1949 年《中国人民政治协商会议共同纲领》和 1954 年《中华人民共和国宪法》对统治权类型的明确否定，说明了中国共产党基于历史教训而试图解决上述问题，而且在新中国成立初期得到了一定的解决。但是，“文化大革命”的爆发说明权力结构问题依然没有彻底解决。“文化大革命”说明了高度集权的权力结构往往会给党和国家带来灾难。对此，邓小平指出：“权力过分集中的现象，就是在加强党的一元化领导的口号下，不适当地、不加分析

---

① 李智勇：《陕甘宁边区政权形态与社会发展(1937—1945)》，中国社会科学出版社 2001 年版，第 63 页。

② 《中共西北中央局对陕甘宁边区第二届参议会第一次大会工作总结》，《陕甘宁边区参议会》(资料选辑)，中共中央党校科研办公室发行 1985 年版，第 380 页。

③ 《中共西北中央局对陕甘宁边区第二届参议会第一次大会工作总结》，《陕甘宁边区参议会》(资料选辑)，中共中央党校科研办公室发行 1985 年版，第 381 页。

地把一切权力集中于党委，党委的权力又往往集中于几个书记，特别是集中于第一书记，什么事都要第一书记挂帅、拍板。党的一元化领导，往往因此而变成了个人领导。全国各级都不同程度地存在这个问题。权力过分集中于个人或少数人手里，多数办事的人无权决定，少数有权的人负担过重，必然造成官僚主义，必然要犯各种错误，必然要损害各级党和政府的民主生活、集体领导、民主集中制、个人分工负责制等等……对这个问题长期没有足够的认识，成为发生‘文化大革命’的一个重要原因，是我们付出了沉重的代价。现在再也不能不解决了。”①邓小平认为，个人领导代替了党的一元化领导，从而使后者在性质上发生了变质。从上述历史来看，中国共产党在革命斗争中尽管已经对统治权类型进行了否定，但是这种否定并不意味着权力一元化观念会自行消失，其仍在一定程度上影响着现实。

从语言变迁来看，统治权类型的消失表现为其相关概念的重新界定。尽管“统治”和“统治权”概念在学术研究中依然存在，但是在政治实践中却已很少使用。而从20世纪30年代以后，另一个语言现象开始出现，这就是“领导”概念的出现。② 尽管国民党统治时期“领导”概念已经出现，但是其强调中国国民党的领导作用。而在革命根据地时期，中国共产党的领导则已经成为一个基本的信条。毛泽东在苏维埃政权时期就提出“党要执行领导政府的任务”，“党的主张办法，除宣传外，执行的时候必须通过政府的组织”。③ 周恩来在中央人民政府建立之初也指出：“我们已经在全国范围内建立了国家政权，而我们党在政权中又居于领导地位。所以一切号令应该经政权机

① 邓小平：《党和国家领导制度的改革》，《邓小平文选》(第2卷)，人民出版社1994年版，第328-329页。

② 德国学者在进行“Herrschaft(统治)”的概念史研究时专门分析了Herrschaft为领导(Führung)这一概念所取代的情况。参见[英]梅尔文·里克特：《政治和社会概念史研究》，张智译，华东师范大学出版社2010年版，第89页。显然，这是一种非常的独特的语言学现象。

③ 《井冈山的斗争》(一九二八年十一月二十五日)，《毛泽东选集》(第1卷)，人民出版社1991年版，第73页。

构发出。这点中央已经注意到，各地也应该注意。由于过去长期战争条件，使我们形成了一种习惯，常常以党的名义下达命令，尤其在军队中更是这样。现在进入和平时期，又建立了全国政权，就应当改变这种习惯。"①董必武也指出："党领导着国家政权，但这绝不是说党直接管理国家事务，绝不是说可以把党和国家政权看做一个东西。"②如果苏维埃政权时期强调的是党的领导与无产阶级专政，那么自抗日民主政权时期以后，则强调的是党的领导与人民民主专政。从语义上来分析，"领导"并不等于"统治"，因为前者表明其只是起到一定的指导作用，而不能代替其执行，而后者则不仅要指导，而且要负责执行。正因为如此，新中国时期，党的领导始终得以强调。

可以说，从历史来看，领导话语的出现意味着统治话语的消逝。在某种意义上说，统治权消逝，领导权长存。我们一方面要坚持党的领导，另一方面又要警惕统治权类型所带来的弊端。正如《中国的政党制度》白皮书总结的那样，"中国近现代政治发展的历史和实践证明：中国的民主政治建设，必须从中国的基本国情出发，盲目照搬别国政治制度和政党制度模式，是不可能成功的；实行专制独裁统治，违背历史发展规律和人民意志，也必然要归于失败。"③这里所提到的"专制独裁统治"就是指历史所出现的统治权类型。正是由于认识到这一点。革命根据地时期出现并为新中国所强化的"党的一元化领导"原则在进入改革开放以后就不再使用，而是采用了"党的领导"。1982年9月召开的"十二大"所通过的党章和报告不再有关于"党的一元化领导"或"党领导一切"的规定和解释，而是认为"党的领导主要是政治、思想和组织的领导"。④ 实际上，在新中国成立初期已经注

① 中共中央统一战线工作部、中共中央文献研究室：《周恩来统一战线文选》，人民出版社1984年版，第174页。

② 《董必武年谱》编纂组：《董必武年谱》，中央文献出版社2007年版，第395页。

③ 《中国的政党制度》，国务院新闻办公室2007年11月。

④ 王贵秀：《"党的一元化领导"探析》，载《中国党政干部论坛》2007年第7期。

意到这个问题。彭真在1949年12月提出："党、政府、群众组织要分开。过去实行'一揽子'、'一元化'，现在不行了。今后，该向党委请示的就向党委请示，该向政府请示的就向政府请示，群众组织也是一样，各有各的系统。这样，手续虽然有点麻烦，但实际上各方面都好。非这样不可，否则，将来有些事就可能弄得不符合法纪，人家会不满意。"①这种认识显然在新中国成立初期并没有得到坚持。

二

这里需要说明的是，尽管统治权类型代表着权力一元化模式的存在，但是这并不意味着权力一元化模式只存在于一种类型。从历史来看，近现代中国还存在着另一种权力一元化模式，其可以称之为民权类型。对此问题，前述已经提到，例如在清末立宪时期，人们常常将民主与君主视为两种不同的权力模式，而民主就是指纯粹的民权制。而孙中山所提出的民权概念正是代表着另一种权力一元化模式。从孙中山的设想来看，其将民权取代君权作为国家权力结构的逻辑起点。这种观念在近现代中国人中并不鲜见，如国民会议、国民大会乃至国事会议等，这些会议均被人们认为是实现民权的一种组织机制。问题在于，民治的逻辑起点是一个群体，而不是像君主那样既是一个精神的象征，也是一个物质的实体。这种民权模式从理论上来说是真正实现民主的框架，但是事实上往往流于空想而无法实现。因为其缺乏一个代理者。正因为如此，孙中山才会向苏俄学习，建立一个所谓民主集权制的中国国民党来实现这一目标。因此民权类型也是权力一元化思维的表现形式之一，其与统治权类型的差别就在于权力中心的差别。

对此问题，有学者在讨论宪法史时就明确指出："从我国宪法史上看得很清楚，清朝的钦定宪法大纲和中华人民共和国都确认了国家

① 中国人民政治协商会议全国委员会研究室编：《老一代革命家论人民政协》，中央文献出版社1997年版，第90页。

权力的一元结构，但是，这是两种截然不同的一元权力结构。”①“清朝的钦定宪法大纲确认的一元权力结构，最高权力主体是封建君主，皇权至上。”②而“中华人民共和国宪法所确认的一元权力结构，与封建社会的一元权力结构性质完全不同。在这里，权力最终属于人民，人民代表大会是代表人民执掌国家权力。执政党中国共产党在国家居于领导地位，但它并不是在法律的范围外活动，而是与其他政党一样，在宪法和法律的范围内活动。在这种一元权力结构中，国家权力的执掌者与人民是紧密联系在一起的，受着人民的监督，只要人民的选举权、监督权的运用不出现障碍，党政关系能够正确处理，就不可能出现滥用权力的独裁现象。”③实际上，前一种一元权力结构体现在所有统治权类型之中，而后一种一元权力结构类型并不是从新中国成立初期才出现的，而是从革命根据地时期就已经出现，这一点从前面所述的政权类型的特点就可以发现。此外，新中国时期的一元权力结构严格意义上来说应该是指共同纲领时期的权力结构，而五四宪法所确认的权力结构在某种意义上已经宪法化了。当然，只有理解了统治权类型和民治类型，才能够明白上述两种一元权力结构的差异。

正因为如此，我们才能明白，中国共产党在建立一种新型的政权中所具有的重要作用。可以说，正是中国共产党构建了一种新型的取代统治权类型的政权类型，并使这种政权类型走向宪法化。

三

问题的关键是统治权类型是一种硬性的权力结构，而民权类型是一种软性的权力结构。单独强调哪一方面均可能导致权力结构的失

① 陈晓枫主编：《中国法律文化研究》，河南人民出版社 1993 年版，第 249 页。

② 陈晓枫主编：《中国法律文化研究》，河南人民出版社 1993 年版，第 249 页。

③ 陈晓枫主编：《中国法律文化研究》，河南人民出版社 1993 年版，第 250 页。

衡，要么走向所谓独夫专制，要么走向所谓民众的独裁。因此，我们有必要超越非此即彼的思维模式，才能解决这一问题。从语言变迁来看，改革开放以来，中国政治权力结构逐渐逐渐完善，一方面加强和完善党的领导，其必须否定统治权类型，另一方面，也必须改变“文化大革命”时期的大民主思路，而朝着加强人大常委会的方向发展。只有将党的领导、人民当家做主和依法治国结合起来，才能解决历史中的一元主义权力结构。也就是说，一方面，党的领导具有传统中国的一元化权力结构的色彩。正如有学者指出：“中国共产党领导的多党合作制并不是中国共产党主观刻意的安排而强加于当代中国的，而是有着历史和现实的多重渊源，是多种因素共同发生作用的结果，它是中国政治传统中权力一元化的现代表现形式，是中国传统权力结构在现代政党政治模式上的体现。”①另一方，人民当家作主能够形成一个新的约束机制，以符合宪法规定的要求进行。两者均在法治的轨道上运行。所以，只有实现“宪法文化的自觉”，② 才能保证中国法律文化推陈出新，形成一种包容性的共和国体制。

① 刘智峰：《中国政治》，江西人民出版社 2010 年，版第 14 页。

② 陈云生：《宪法文化的自觉》，载《法治研究》2013 年第 1 期。

后　记

前有序，后有记，已经成为当代著作的重要组成部分。本书的写作来自于博士论文，然而不能完全等同于博士论文，毋宁说，已有脱胎换骨之象。当年博士毕业离校时，偶然在张烁处看到金观涛、刘青峰所著的香港版《观念史研究》一书，当时就曾言，如果能够利用其中的数据库来研究统治权，就好了。此后，随着概念史研究著作的译介，我本能发现了一种新的写作思路，并有意将其落实到我的博士论文主题中。从 2010 年开始，我先后从研究方法等方面开始摸索这种写作方式的可行性。尽管在很多杂志的支持下，发表了与此相关的诸多论文，但是，说实在，能否成功写作我心里依然没有底。因为从德国概念史研究来看，一个概念的研究就需要多个作者的团体协作才能完成，单靠我个人之力显然难以完成统治权这个概念的历史分析。而且我发现，德国学者对统治概念的研究不是对统治权单个概念来研究，这样就可以深入到所有与统治相关的词汇的分析。因此，事实上，要真正实现统治权概念研究，必须先要研究统治的概念史，而后者跨度至少从清末到当代。一个世纪多的概念史研究在人力和物力难以具备的情况下是不可能实现的。因此，我试图退两步：一是将这项概念史研究限缩在 20 世纪上半叶；二是只讨论宪法领域中的统治权概念。虽然也讨论统治概念，但是将两个视为一体两面。只有这样，我才能在有限的精力下来完成阶段性目标。

同时，从大历史的角度来看，中国的近现代转型的确从形式上改变了帝制时代的权力结构及其遗存，而统治权类型实际上就是这种遗存。而革命根据地时期所开创的政权类型不仅否定了统治权类型，而且确认了一种新型的权力结构。这种权力结构已经成为我们的法政传统之一，而这种传统显然无法纯粹运用传统合法性话语来解释。不过，正如法律文化分析所提醒的，权力一元化模式始终制约着政治现实。这好比表面上非常现代化的人们，其行为方式始终难以摆脱作为一个中国人群体的基本特征。对此，其本身无所谓善恶，每个人自己看着办，而不必记在所谓传统的账上，也不必一味拔高他种文化，正所谓一阴一阳谓之道。

此外，需要说明的是，本书的分析在某种意义上对于我来说有点力不从心，因为文化分析是以人类学为基础的，而缺乏这种学科训练基础的文化分析必然只能利用有限的历史资料。为了弥补这种缺陷，我试图从历史中的概念入手来分析。所以，本书试图提供一种可操作的方法论思路。这种思路我考虑了很久，或许这本书只是一个艰难的起步。尽管这种起步可能不是太成功，但是我感觉到似乎摸到了历史的脉搏，语言在无声地告诉我们如何理解历史，而不是运用我们所想象的话语去描述历史，否则，历史在我们的涂抹之中早已被歪曲了，尽管这种歪曲代表了我们自己的历史。

感谢恩师一直以来的提携。虽然我决意修改博士论文，在某种意义上彻底改变我原先的想法，但是我感觉到恩师所倡导的法律文化研究思路始终是本书所要追求的目标。例如，语言是文化对现实的影响途径之一的看法在本书中试图通过概念史研究方法来展现。而在现在的法律文化研究中材料的增减、方法的拓展均需要具体化，否则，法律文化研究必然难以落实到历史过程中，而流于理论的主观建构。事实上，恩师的法律文化研究始终没有脱离历史和现实，也没有割裂思想和制度，从而为我们提供了很好的范例。

书中有些内容已经在论文中发表，也感谢多年来支持的杂志社和编辑。

最后，本书的出版感谢恩师提供的宝贵机会和编辑付出的辛勤劳动。也感谢多年来提供帮助的家人、老师、领导、同事和朋友，在此不一一列举了。

当然，书中的论述和判断可能存在缺憾，敬请读者谅之。

是为记。